JN061268

教職を志す学生のためのテキスト

教育行政

成瀬 雅巳
Masami Naruse

学術研究出版

は じ め に

　本書は主に教職を志す学生を対象にして、「教育行政」についてやさしく解説した入門テキストである。グローバル社会が進展し、ICT の進歩が社会の変化を加速させることで、将来の変化を予測することが困難な時代を迎えている。そのなかで、教育行政に関わる重要な通知・答申が出され、法令の制定・改正や制度改革が進められている。そこで、本書は教育行政の新しい流れを踏まえ、最新の情報をわかりやすくまとめている。これから教職を目指す皆さまが、このテキストを活用し、教育行政の理解を深めるとともに、皆さまの夢が実現することを心から願っている。

〈本書の特徴〉
　1．大学の標準的な授業の回数である 15 回に合わせて、15 講で構成した。
　2．各講の最初に課題を設定した。課題は自ら考え自ら学ぶのに適したものである。また、グループ討議にも有効な課題となっている。
　3．文章の中の空欄に重要語句を直接書き込みながら、要点を整理していくことで基礎・基本の確実な定着を図ることができる。
　4．最新の情報を図表で示し、図表から主体的・批判的に読み解くことを重視している。
　5．余白を利用して必要なことを書き加えていくことで、講義テキストをオリジナルノートとして活用できる。

目　次

課題　次の二つの教育行政の定義の中に公教育という言葉が使われている。そこで、公教育とは何かを調べ、それについてあなたの考えを自由に論じなさい。

○「教育行政は国家目的としての教育理念（公教育の目的）を具体的に実現していくための行政作用である。」（清水俊彦　1990　教育行政　新教育学大事典　第一法規）

○「国および地方の公権力が、一定の行政機関をもって、社会が必要とする教育機能を保障するため、教育施策を実施し、公教育制度を維持・管理・運用する作用である。」（熊谷一乗　1996　現代教育制度論）

1．江戸時代における教育

（①　　　　　　　　　　）

　江戸幕府直轄の学問所。朱子学を正学として幕臣・藩士などの教育にあたった。この時代、武家の学校としては、最高の地位をしめた。

（②　　　　　　　　　　）

　諸藩が藩士の子弟の教育のために設けた藩の直轄学校。約280。後の中等・高等諸学校の母体となる。

（③　　　　　　　　　　）

　藩校に準じた藩士を対象としてものと、庶民を対象としてものと2種類ある。読・書・算の学習が中心。後の小・中学校の母体となる。

（④　　　　　　　　　　）

　私設の教育機関。庶民の子どもに読み、書き、場所によってはそろばんを教えた。都市だけでなく、全国の町や村にあった。幕末には15,000以上存在したと言われる。後の小学校の母体となる。

> 識字率世界トップレベルを支える　　　個別指導⇒明治に入ると一斉指導へ

（⑤　　　　　　　　　　）

　民間の有識者によって開設された私設の教育機関。幕府や藩の統制を受けることなく塾主によって独自に経営され，その自宅を教場として用い，学問や文芸を門人に教授した。内容は儒学・和学・洋学・医学など多彩であった。後の私立学校の母体となる。

> 　江戸時代後期には、幕府や諸藩が領内に設けた藩校・郷学と寺子屋、私塾等が相当整備されていた。このことが明治の学制による全国的、統一的な教育計画とその実施の素地となった。

2．教育行政の成立

⑴　19世紀、近代国家が形成・発展するにつれて、国家を形成する者の育成を目的として、国家が国民を対象として行う教育を組織化・制度化する公教育の概念が誕生してきた。

⑵　公教育制度が成立すると、この制度に公権力（行政）がいかにかかわり、制度を運営していくかということが課題となってくる。ここに「教育行政」誕生を見ることができる。

⑶　国家は国民に対して教育を社会的・制度的に保障することがその重要な責務となったとき、教育は国家機能の一翼を担うこととなり、ここに「教育行政」の概念が成立することになる。こうして、国家が教育をきちんと制度として構築し、「教育行政」として形を整えるのは、19世紀後半のことである。

3．近代教育制度の創始とその確立・整備

1871年（明治4年）：（⑥　　　　　　　　　）設置

1872年（明治5年）：（⑦　　　　　　　　　）発布　　　近代公教育制度の起点

　　　　　　　　　　・全国の教育行政を文部省が統轄することを明示

　　　　　　　　　　・全国を8大学区に分割し、大学校を配置

各大学区に32中学区（256中学区）に分割し、それぞれに中学校を配置

各中学区に210小学区（53,760小学区）に分割し、それぞれに小学校を配置（一つの区ごとに各1校設置する計画）

> 不満　学制反対一揆　徴兵令反対一揆　地租改正反対一揆

計画　53,760小学区

実質　明治6年：約12,000校　初等教育就学率28.1%

　　　明治8年：約24,500校　初等教育就学率35.4%

↕

現在の小学校数：約2万校

1879年（明治12年）：（⑧　　　　　　　　　　）公布

・学区制を廃止し、町村を基礎に小学校設置

・自由主義、地方分権的な考え方→（⑨　　　　　　　　　　　）

1880年（明治13年）：（⑩　　　　　　　　　　）公布

・国による教育統制を再び強化　→（⑪　　　　　　　　　　　）

1881年（明治14年）：（⑫　　　　　　　　　　）制定

・教科の内容、時数等を明記

・1882年（明治15年）頃から全国的に教育が統一化

1883年（明治16年）：（⑬　　　　　　　　　　　）の認可制度開始

・就学率53.1%

1885年（明治18年）：（⑭　　　　　　　　　　　）創設

・初代文部大臣として（⑮　　　　　　　　　　）が就任

→教育制度の一大改革を実施

1886年（明治19年）：（⑯　　　　　　　　　　　　）、師範学校令、小学校令、中学校令制定

・各学校種別の規程を整備し我が国学校制度の基礎が確立

・教科書検定制度創設、学年制（小学校令）

1889年（明治22年）：（⑰　　　　　　　　　　）制定

1890年（明治23年）：（⑱　　　　　　　　　　）

・第二次小学校令制定－教育法令（⑲　　　　　　　　　　）

　勅令主義とは、大日本帝国憲法により、教育に関する基本法規を議会の承認を経ずに、天皇の大権によって制定する勅令によって定めることをいう。勅令をもって教育行政組織の基本が決まり、これに基づいて教育行政が実施される組織となっていた。

1900年（明治33年）：第三次（⑳　　　　　　　　　　）改正

・（㉑　　　　　　　　　　）無償化

・尋常小学校を4年に統一

・4年の（㉒　　　　　　　　　　）が実現

・初等教育就学率81.5%

1903年（明治36年）：（㉓　　　　　　　　　　　　　）確立（小学校令）

1905年（明治38年）：初等教育就学率95%超え

1907年（明治40年）：小学校令改正

　　　　　　　　　　・（㉔　　　　　　　　　　）を6年、義務教育年限を6年延長

> 日清戦争、日露戦争を経て近代産業の発達に伴い、中等諸学校や専門学校が急速に発展した。

1917年（大正6年）：（㉕　　　　　　　　　　　　　）設置（内閣総理大臣諮問機関）

　　　　　　　　　　・第一次世界大戦に伴う社会情勢及び国民生活の変化を受け、これに
　　　　　　　　　　　即応する教育の改革について審議、提案

　　　　　　　　　　・これに基づき、中等学校以上の改革と拡充が急速に進展

1918年（大正7年）：大学令公布

　　　　　　　　　　・官立大学や総合大学のほかに公立・私立の大学や単科大学を認めた

　　　　　同年：（㉖　　　　　　　　　　　　　　　　　　）成立

1941年（昭和16年）：（㉗　　　　　　　　　）公布

　　　　　　　　　　・初等科6年、高等科2年小学校の名称が消える

　　　　　　　　　　・国民学校等は皇国民の基礎的錬成を目的とし、教育内容を改革

1943年（昭和18年）：（㉘　　　　　　　　　）公布

　　　　　　　　　　・中学校、高等女学校、実業学校を中等学校として統一
　　　　　　　　　　（修業年限4年制）

　　　　　　　　　　・勤労作業の強化、学徒の戦時動員体制が強化

> 　戦争の激化とともに、改革の多くは実現困難となり、学童疎開や勤労動員、学徒動員などにより、教育の正常な機能はほとんど停止された。

引用・参考文献

学制百二十年史編集委員会　学制百二十年史　文部科学省

https://www.mext.go.jp/b_menu/hakusho/html/others/detail/1318222.htm（2021年5月
7日確認）

課題　日本国憲法第26条第1項の「能力に応じて、ひとしく」とはどういう意味なのか。あなたの考えを自由に論じなさい。

日本国憲法

第26条　すべて国民は、法律の定めるところにより、その能力に応じて、ひとしく教育を受ける権利を有する。

2　すべて国民は、法律の定めるところにより、その保護する子女に普通教育を受けさせる義務を負ふ。義務教育は、これを無償とする。

1．教育行政における法律主義

教育行政　戦前（①　　　　　　　　）→戦後（②　　　　　　　　　　）

> 　戦後は、国会が国権の最高機関であり、唯一の立法機関であるため、国会で定める国法、すなわち法律に基づいてすべての行政が行われることになった。教育行政も、法律に基づいて行われている。

(1)　国の法規（成文法）

　　憲法－法律－政令－省令（府令）－告示・訓令・通達

　　（③　　　　　　　　）：国家の根本法、最高法規

　　（④　　　　　　　　）：国会の議決によって成立する法

　　（⑤　　　　　　　　）：内閣が制定する命令

　　（⑥　　　　　　　　）：各省大臣が定める命令

　　（⑦　　　　　　　　）は、内閣総理大臣が内閣府の長として定める命令

　　（⑧　　　　　　　　）：各省大臣、各委員会及び各庁の長官が、その機関の所轄事務について発するもののうち、広く国民に知らせるために公示を必要とする場合の形式

　　（⑨　　　　　　　）・通達：上級の行政機関が所轄機関・職員に対して、職務運用上の基本的な事柄について発する命令が訓令

　　　　これについての細目的事項や法令の解釈等を示達する行為が通達

　　　　いずれも内部の職員や機関を拘束するが国民に対しては効力をもたない

(2)　学校教育の法体系

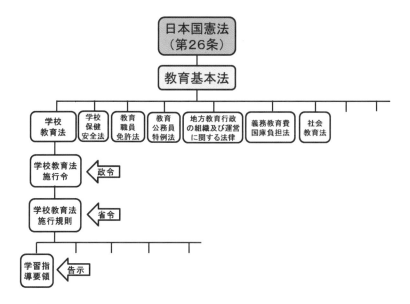

(3)　地方公共団体の法規（成文法）

　　条例－規則・教育委員会規則

	（⑩	）：地方公共団体が議会の議決によって定める法の形式
	（⑪	）：地方公共団体の長がその権限に属する事務に関して制定する法規
	（⑫	）：教育委員会が定める規則

　　　　　　　　　　　　　法律に定められた委員会が定める規則を特に「○○委員会規則」

(4) 国際法規　　条約等

　　（⑬　　　　　　　　　　　）：国家間または国家と国際機関との文書により、かつ国際法の規律
　　　　　　　　　　　　　に従って締結される合意で、批准・公布によって国内法として法
　　　　　　　　　　　　　的拘束力をもつ

(5) 不文法　判例法・慣習法・条理法

2．日本国憲法第26条

(1) 「教育を受ける権利」は誰にあるのか。

　　（⑭　　　　　　　　　　　　　　　　　　　　　　　　　　　　　　　　　　　）

(2) 「教育を受けさせる義務」は誰（どのような主体）にあるのか。

　　（⑮　　　　　　　　　　　　　　　　　　　　　　　　　　　　　　　　　　　）

　　※権利と義務の関係－権利を有する主体に対して、その権利を保障する義務を負う主体が言
　　　　　　　　　　　　　　外に設定される。

(3) 「義務教育の無償性」とあるが、無償の範囲はどこまでか。

　　（⑯　　　　　　　　　　　　　　　　　　　　　　　　　　　　　　　　　　　）

　　※学用品費、体育実技用具費、新入学児童生徒学用品費等、通学用品費、通学費
　　　修学旅行費、校外活動費、医療費、学校給食費、クラブ活動費、生徒会費、PTA会費
　　　卒業アルバム代等は有償

【関連法規】

　　教育基本法第4条（教育の機会均等）

　　教育基本法第5条（義務教育）

　　学校教育法第19条　経済的理由によって，就学困難と認められる学齢児童生徒の保護者に
　　　　対しては，市町村は，必要な援助を与えなければならない。

3．教育基本法　1947年（昭和22年）制定、2006年（平成18年）改正

　前文

　　我々日本国民は、たゆまぬ努力によって築いてきた（⑰　　　　　　）で（⑱　　　　　　）な国
家を更に発展させるとともに、世界の（⑲　　　　　）と人類の（⑳　　　　　）の向上に貢献
することを願うものである。

　　我々は、この理想を実現するため、個人の尊厳を重んじ、真理と正義を希求し、
（㉑　　　　　　　　）を尊び、豊かな（㉒　　　　　　　　　　）を備えた人間の育成を期す
るとともに、（㉓　　　　　　）を継承し、新しい文化の創造を目指す教育を推進する。

　　ここに、我々は、（㉔　　　　　　　　　）の精神にのっとり、我が国の（㉕　　　　　）を切
り拓く教育の基本を確立し、その振興を図るため、この法律を制定する。

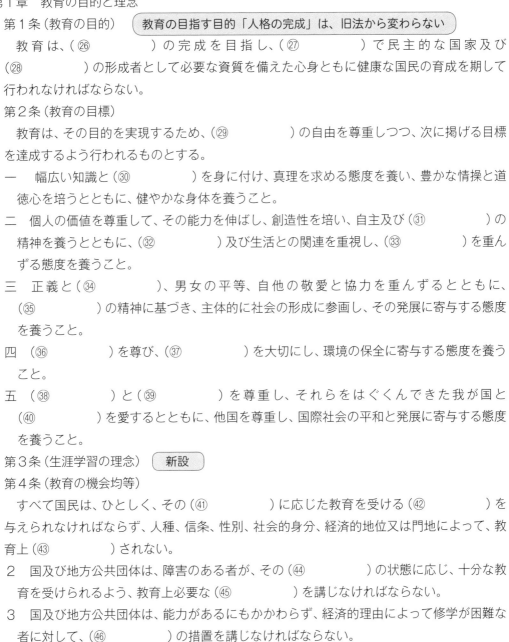

　一般に法律には前文をつけないが、教育基本法は憲法と関連して教育上の基本原則を明示するきわめて重要な法律であることから、法律制定の趣旨を明らかにするために前文が置かれている。「公共の精神」、「豊かな人間性と創造性」、「伝統を継承」、「未来を切り拓く教育」などは、旧法にはなく、新たに加わった。

第1章　教育の目的と理念

第1条（教育の目的）　　教育の目指す目的「人格の完成」は、旧法から変わらない

　教育は、（㉖　　　　　　　）の完成を目指し、（㉗　　　　　　　）で民主的な国家及び（㉘　　　　　　　）の形成者として必要な資質を備えた心身ともに健康な国民の育成を期して行われなければならない。

第2条（教育の目標）

　教育は、その目的を実現するため、（㉙　　　　　　　）の自由を尊重しつつ、次に掲げる目標を達成するよう行われるものとする。

一　幅広い知識と（㉚　　　　　　　）を身に付け、真理を求める態度を養い、豊かな情操と道徳心を培うとともに、健やかな身体を養うこと。

二　個人の価値を尊重して、その能力を伸ばし、創造性を培い、自主及び（㉛　　　　　　　）の精神を養うとともに、（㉜　　　　　　　）及び生活との関連を重視し、（㉝　　　　　　　）を重んずる態度を養うこと。

三　正義と（㉞　　　　　　　）、男女の平等、自他の敬愛と協力を重んずるとともに、（㉟　　　　　　　）の精神に基づき、主体的に社会の形成に参画し、その発展に寄与する態度を養うこと。

四　（㊱　　　　　　　）を尊び、（㊲　　　　　　　）を大切にし、環境の保全に寄与する態度を養うこと。

五　（㊳　　　　　　　）と（㊴　　　　　　　）を尊重し、それらをはぐくんできた我が国と（㊵　　　　　　　）を愛するとともに、他国を尊重し、国際社会の平和と発展に寄与する態度を養うこと。

第3条（生涯学習の理念）　　新設

第4条（教育の機会均等）

　すべて国民は、ひとしく、その（㊷　　　　　　　）に応じた教育を受ける（㊸　　　　　　　）を与えられなければならず、人種、信条、性別、社会的身分、経済的地位又は門地によって、教育上（㊹　　　　　　　）されない。

2　国及び地方公共団体は、障害のある者が、その（㊹　　　　　　　）の状態に応じ、十分な教育を受けられるよう、教育上必要な（㊺　　　　　　　）を講じなければならない。

3　国及び地方公共団体は、能力があるにもかかわらず、経済的理由によって修学が困難な者に対して、（㊻　　　　　　　）の措置を講じなければならない。

第２章　教育の実施に関する基本

旧法では義務教育の年限を９年としていたが、年限延長も検討できるようにするため、学校教育法に委ねた

第５条（義務教育）

国民は、その保護する子に、別に法律で定めるところにより、普通教育を受けさせる（㊼　　　　）を負う。

２　義務教育として行われる（㊽　　　　　　　）は、各個人の有する能力を伸ばしつつ社会において自立的に生きる基礎を培い、また、国家及び社会の形成者として必要とされる基本的な（㊾　　　　）を養うことを目的として行われるものとする。

３　（㊿　　　　　　　　　　）は、義務教育の機会を保障し、その水準を確保するため、適切な役割分担及び相互の協力の下、その実施に責任を負う。

４　国又は地方公共団体の設置する学校における義務教育については、（(51)　　　　）を徴収しない。

男女共学を規定した旧教育基本法第５条は削除

第６条（学校教育）

法律に定める学校は、公の性質を有するものであって、国、地方公共団体及び法律に定める法人のみが、これを（(52)　　　　）することができる。

２　前項の学校においては、教育の（(53)　　　　）が達成されるよう、教育を受ける者の心身の発達に応じて、体系的な教育が組織的に行われなければならない。この場合において、教育を受ける者が、学校生活を営む上で必要な（(54)　　　　）を重んずるとともに、自ら進んで学習に取り組む（(55)　　　　）を高めることを重視して行われなければならない。

第７条（大学）　新設

第８条（私立学校）　新設

第９条（教員）

法律に定める学校の教員は、自己の崇高な使命を深く自覚し、絶えず（(56)　　　　）と（(57)　　　　）に励み、その（(58)　　　　）の遂行に努めなければならない。

２　前項の教員については、その使命と職責の重要性にかんがみ、その身分は尊重され、待遇の適正が期せられるとともに、（(59)　　　　）と（(60)　　　　）の充実が図られなければならない。

第 10 条（家庭教育）　新設

第 11 条（幼児期の教育）　新設

第 12 条（社会教育）

第 13 条（学校、家庭及び地域住民等の相互の連携協力）　新設

第 14 条（政治教育）

第 15 条（宗教教育）

第３章　教育行政

第 16 条（教育行政）

教育は、（(61)　　　　　　　）に服することなく、この法律及び他の法律の定めるところにより行われるべきものであり、（(62)　　　　　　）は、国と地方公共団体との適切な役割分担及び相互の協力の下、（(63)　　　　）かつ適正に行われなければならない。

２　国は、全国的な教育の（(64)　　　　　　）と（(65)　　　　　　）の維持向上を図るため、教育に関する施策を総合的に策定し、実施しなければならない。

3 　地方公共団体は、その地域における（㊻　　　　　　　　　　）を図るため、その実情に応じた教育に関する施策を策定し、実施しなければならない。

4 　国及び地方公共団体は、教育が円滑かつ継続的に実施されるよう、必要な（㊼　　　　　　　）の措置を講じなければならない。

> 国地方公共団体の役割分担や財政措置について新たに規定

第17条（教育振興基本計画）

　政府は、教育の振興に関する施策の総合的かつ計画的な推進を図るため、教育の振興に関する施策についての基本的な方針及び講ずべき施策その他必要な事項について、基本的な計画を定め、これを国会に報告するとともに、公表しなければならない。

2 　地方公共団体は、前項の計画を参酌し、その（㊽　　　　　　）の実情に応じ、当該地方公共団体における教育の振興のための施策に関する基本的な計画を定めるよう努めなければならない。

第4章　法令の制定

第18条（法令の制定）

　この法律に規定する諸条項を実施するため、必要な法令が制定されなければならない。

4．教育に関連する重要な法規

(1)　学校教育に関する法規
　　学校教育法（㊾　　　　　）　学校教育法施行令（㊿　　　　　）
　　学校教育法施行規則（㋑　　　　　）　学校保健安全法（法律）

(2)　教育職員に関する法規
　　教育公務員特例法（法律）　教育職員免許法（法律）　地方公務員法（法律）

(3)　教育行政に関する法規
　　地方教育行政の組織及び運営に関する法律（法律）　地方自治法（法律）

(4)　教育財政に関する法律
　　市町村立学校職員給与負担法（法律）　義務教育費国庫負担法（法律）

(5)　教育内容に関する法律
　　学習指導要領、幼稚園教育要領（㋒　　　　　）

引用・参考文献

後藤武俊　2019　教育制度の法体系と原理―教育の機会均等の実現に向けて―　青木英一編著　教育制度を支える教育行政　221-233

古田薫　2020　教育法規の基礎知識　古田薫　山下晃一編著　法規で学ぶ教育制度　ミネルヴァ書房　6-17

課題　「文部科学事務次官から各都道府県・指定都市教育委員会教育長、各都道府県知事等への通知」を読み、内閣総理大臣は臨時休業を決定できるのか、決定できないのかを、根拠を示して論じなさい。

> 「新型コロナウイルス感染症対策のための小学校、中学校、高等学校及び特別支援学校等における一斉臨時休業について（通知）」令和2年2月28日　【一部略】
>
> 　小学校、中学校、高等学校及び特別支援学校における全国一斉の臨時休業を要請する方針が内閣総理大臣より示されました。このことを受け、小学校、中学校、高等学校、特別支援学校及び高等課程を置く専修学校の設置者におかれては、本年3月2日（月）から春季休業の開始日までの間、学校保健安全法第20条に基づく臨時休業を行うようお願いします。なお、臨時休業の期間や形態については、地域や学校の実情を踏まえ、各学校の設置者において判断いただくことを妨げるものではありません。その際、卒業式などを実施する場合には、感染防止のための措置を講じたり、必要最小限の人数に限って開催したりする等の対応をとっていただくようお願いいたします。

○通知文の用語

文部科学事務次官

　　文部科学省の省務を整理し事務の監督を担当する、官僚の最高ポスト

政令指定都市

　　地方自治法に基づき、政令で指定される人口 50 万人以上の市（現在 20 市）

札幌市教育委員会　　　仙台市教育委員会　　　さいたま市教育委員会

千葉市教育委員会　　　川崎市教育委員会　　　横浜市教育委員会

相模原市教育委員会　　新潟市教育委員会　　　静岡市教育委員会

浜松市教育委員会　　　名古屋市教育委員会　　京都市教育委員会

大阪市教育委員会　　　堺市教育委員会　　　　神戸市教育委員会

岡山市教育委員会　　　広島市教育委員会　　　福岡市教育委員会

北九州市教育委員会　　熊本市教育委員会

1. 中央教育行政の役割

　日本国憲法第 26 条により、（①　　　　　　　　　　　　　）が保障された。そこで、公教育においては、全国的に一定の（②　　　　　　　　　）を確保し、全国どこの学校においても同水準の教育を受けさせることができる機会を保障することが必要となる。

　　（③　　　　　　　　　　　　　　）

　　　各学校における教育課程の全国的な基準。文部科学大臣が定める。

　　（④　　　　　　　　　　　）

　　　検定。無償配布（義務教育）。

　　（⑤　　　　　　　　　　　）

　　　教職員の給与費の 3 分の 1 を国が負担。残りの 3 分の 2 は都道府県が負担。

2. 文部科学省の沿革

　1871 年（明治 4 年）：（⑥　　　　　　　　　　）設置

　1872 年（明治 5 年）：学制を発布

　1947 年（昭和 22 年）：（⑦　　　　　　　　　）、（⑧　　　　　　　　　　　）施行

　1949 年（昭和 24 年）：科学技術行政協議会設置

　1956 年（昭和 25 年）：文化財保護委員会設置（文部省の外局）

　1956 年（昭和 31 年）：（⑨　　　　　　　　　）設置（総理府の外局）

　1959 年（昭和 34 年）：科学技術会議設置

　1961 年（昭和 36 年）：スポーツ振興法施行

　1968 年（昭和 43 年）：文化庁設置（文化財保護委員会と文部省文化局が統合）

　1995 年（平成 7 年）：科学技術基本法施行

　2001 年（平成 13 年）：（⑩　　　　　　　　　　）発足（文部省と科学技術庁が統合）

　　　　　　　　　　　　文化芸術振興基本法施行

　2002 年（平成 14 年）：完全（⑪　　　　　　　　　）実施

　2006 年（平成 18 年）：（⑫　　　　　　　　　）改正、施行

2008年（平成20年）：（⑬　　　　　　　　　　　）策定（第1期～平成24年度）

2011年（平成23年）：スポーツ基本法施行

2013年（平成25年）：教育振興基本計画策定（第2期～平成29年度）

2015年（平成27年）：（⑭　　　　　　　　　　　）設置（文部科学省の外局）

2018年（平成30年）：教育振興基本計画策定（第3期～令和4年度）

> 文部科学省設置法（平成11年）（任務）第3条
> 　教育の振興及び生涯学習の推進を中核とした豊かな人間性を備えた創造的な人材育成、学術、スポーツ及び文化の振興並びに科学技術の総合的な振興を図るとともに、宗教に関する行政事務を適切に行う。

3．文部科学省の組織

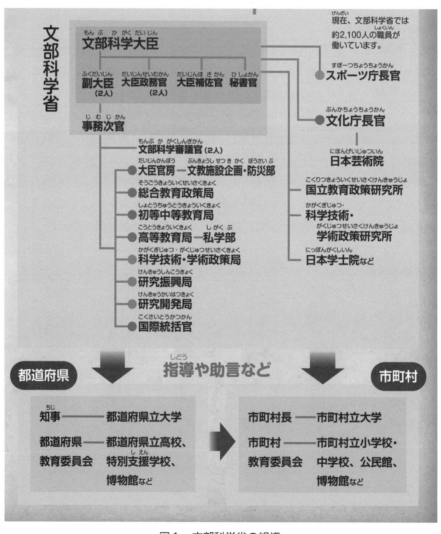

図1　文部科学省の組織

出典：文部科学省　文部科学省へようこそ
https://www.mext.go.jp/component/b_menu/other/__icsFiles/afieldfile/2018/10/30/1410621_01.pdf（2021年5月9日確認）

文部科学省は、中央政府で教育行政を担う中心的な組織である。総合教育政策局、初等中等教育局、高等教育局の3局は旧文部省、科学技術・学術政策局、研究振興局、研究開発局の3局は、旧科学技術庁にあたる。各局は、いくつかの課に分かれている。

引用・参考文献

文部科学省　2020 文部科学省の概要
https://www.mext.go.jp/content/20201217-mxt_kouhou02-100012444_1.pdf
（2021年5月9日確認）

課題　あなたの住んでいる市町村の学校管理規則と他の市町村（一つ）の学校管理規則をインターネットなどで調べ、二つの市町村の学校管理規則を比較しながらまとめなさい。

※学校管理規則：教育委員会規則。学校の設置者が多くの学校を管理・運営するために設けた一定のルール。

1．地方教育行政における首長の権限と役割

(1) 大綱の策定

　地方教育行政の組織及び運営に関する法律

　第1条の三　（①　　　　　　　　　　）の長は、教育基本法第十七条第一項に規定する基本的な方針を参酌し、その地域の実情に応じ、当該地方公共団体の教育、学術及び文化の振興に関する総合的な施策の（②　　　　　）を定めるものとする。

　2　①の長は、②を定め、又はこれを変更しようとするときは、あらかじめ、次条第一項の（③　　　　　　　　　）において協議するものとする。

　3　①の長は、②を定め、又はこれを変更したときは、遅滞なく、これを公表しなければならない。

(2) 総合教育会議の設置・招集

　地方教育行政の組織及び運営に関する法律

　第1条の四　地方公共団体の長は、大綱の策定に関する協議及び次に掲げる事項についての協議並びにこれらに関する次項各号に掲げる構成員の事務の調整を行うため、総合教育会議を設けるものとする。

　一　教育を行うための諸条件の整備その他の地域の実情に応じた教育、学術及び文化の振興を図るため重点的に講ずべき施策

　二　児童、生徒等の生命又は身体に現に被害が生じ、又はまさに被害が生ずるおそれがあると見込まれる場合等の緊急の場合に講ずべき措置

　2　総合教育会議は、次に掲げる者をもつて構成する。

　一　地方公共団体の長

　二　（④　　　　　　　　　）

　3　総合教育会議は、地方公共団体の長が（⑤　　　　　）する。

　4　教育委員会は、その権限に属する事務に関して協議する必要があると思料するときは、地方公共団体の長に対し、協議すべき具体的事項を示して、総合教育会議の招集を求めることができる。

　5　総合教育会議は、第一項の協議を行うに当たつて必要があると認めるときは、関係者又は学識経験を有する者から、当該協議すべき事項に関して意見を聴くことができる。

　6　総合教育会議は、公開する。ただし、個人の秘密を保つため必要があると認めるとき、又は会議の公正が害されるおそれがあると認めるときその他公益上必要があると認めるときは、この限りでない。

　7　地方公共団体の長は、総合教育会議の終了後、遅滞なく、総合教育会議の定めるところにより、その（⑥　　　　　　　）を作成し、これを公表するよう努めなければならない。

(3) 予算の編成

　教育予算を含めた自治体の予算編成は首長の権限。学校施設の整備、教職員の給与など。

(4) 教育長・教育委員の人事

　地方教育行政の組織及び運営に関する法律

　第3条　教育委員会は、教育長及び（⑦　　　）人の委員をもつて組織する。ただし、条例で定めるところにより、都道府県若しくは市又は地方公共団体の組合のうち都道府県若

しくは市が加入するものの教育委員会にあつては教育長及び（⑧　　　）人以上の委員、町村又は地方公共団体の組合のうち町村のみが加入するものの教育委員会にあつては教育長及び（⑨　　　）人以上の委員をもつて組織することができる。

第4条　（⑩　　　　　）は、当該地方公共団体の長の被選挙権を有する者で、人格が高潔で、教育行政に関し識見を有するもののうちから、地方公共団体の長が、（⑪　　　　　）の同意を得て、任命する。

第5条　教育長の任期は（⑫　　　）年とし、委員の任期は（⑬　　　）年とする。ただし、補欠の教育長又は委員の任期は、前任者の残任期間とする。

2. 教育委員長と教育長を一本化した新「教育長」の設置

(1) 2014年までの教育委員会制度

　図1にあるとおり2014年（平成26年）以前の教育委員会では、教育委員長は委員の互選で決定し、教育委員の中に教育長が兼任で入っていた。教育長以外の教育委員は一般市民で非常勤であったことから、他の職業をもっていることが多く、月に1〜2回の定例会・臨時会に出席するくらいであった。日常の実務は教育委員会のもとに教育長が総括する事務局を置き、教育委員会による決定を常勤の教育長と事務局が執行した。事務局で働く人は、教育委員会に採用された教員出身者と一般行政職員である。

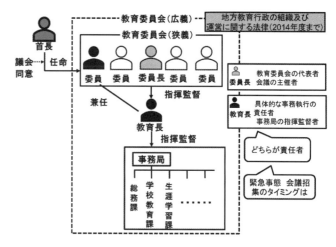

図1　2014年までの教育委員会制度

出典：文部科学省　地方教育行政の組織及び運営に関する法律の一部を改正する法律（概要）をもとに筆者が一部改変
https://www.mext.go.jp/component/b_menu/other/__icsFiles/afieldfile/2015/02/04/1349283_04.pdf（2021年5月10日確認）

○2014年以前の教育委員会の課題

・教育委員長と教育長のどちらが責任者かわかりにくい。

・教育委員会の審議が形骸化している。

・いじめ等の問題に対して必ずしも迅速に対応できていない。

・地域住民の民意が十分に反映されていない。

・地方教育行政に問題がある場合に、国が最終的に責任を果たせるようにする必要がある。

(2) 2015年以降の教育委員会制度

　図2にあるとおり2015年（平成27年）4月から「地方教育行政の組織及び運営に関する法律の一部を改正する法律」が施行され、教育委員会制度が大きく変わった。これまでは教育委員会の代表者は教育委員長であったが、他の委員と同様に非常勤であったために、実質的にトップの役割を果たしていたのは教育長であった。そこで、教育長が教育委員長の役

割を兼ね、教育委員会の代表者となることで責任を明確にしている。また、これまでは教育委員会が教育長に対して指揮監督権をもっていたが、これも削除された。教育長と委員は、首長が議会の同意を得て任命する。

　総合教育会議は、首長が招集し、首長と教育委員会が参加して、大綱や教育の条件整備、緊急時の措置などを協議する。

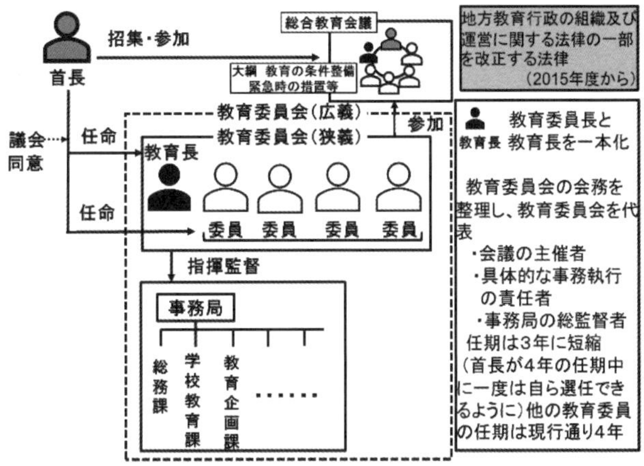

〇教育委員会の改革

　・教育行政における責任体制の明確化

　・教育委員会の審議の活性化

　・迅速な危機管理体制の構築

　・地域の民意を代表する首長との連携の強化

　・いじめによる等が起きた後においても、再発防止のために国が教育委員会に指示できることを明確化

図2　2015年以降の教育委員会制度

出典：文部科学省　地方教育行政の組織及び運営に関する法律の一部を改正する法律（概要）をもとに筆者が一部改変
https://www.mext.go.jp/component/b_menu/other/__icsFiles/afieldfile/2015/02/04/1349283_04.pdf（2021年5月10日確認）

　教育における政治的中立性、継続性、安定性を確保しつつ、地方教育行政における責任の明確化、迅速な危機管理体制の構築、首長との連携強化を図るとともに、地方に対する国の関与の見直しを図る。

引用・参考文献

文部科学省　地方教育行政の組織及び運営に関する法律の一部を改正する法律（概要）
https://www.mext.go.jp/component/b_menu/other/__icsFiles/afieldfile/2015/02/04/1349283_04.pdf（2021年5月10日確認）

課題　下に示しているのは何かを調べ、それについてあなたの考えを自由に論じなさい。

表　　　　　　　　　　　　　　　　　　　　　裏

保護者の皆様へ

お子様の御入学おめでとうございます。
この教科書は、義務教育の児童・生徒に対し、国が無償で配布しているものです。
この教科書の無償給与制度は、憲法に掲げる義務教育無償の精神をより広く実現するものとして、次代をになう子供たちに対し、我が国の繁栄と福祉に貢献してほしいという国民全体の願いをこめて、その負担によって実施されております。
一年生として初めて教科書を手にする機会に、この制度にこめられた意義と願いをお子様にお伝えになり、教科書を大切に使うよう御指導いただければ幸いです。

文部科学省

1．教育課程とは

(1) 教育課程とは

　　教育課程とは、学校教育の目的や（①　　　　　）を達成するために、教育の（②　　　　　）を子供の心身の発達に応じ、（③　　　　　　　）との関連において総合的に組織した学校の（④　　　　　　　）であり、その編成主体は各（⑤　　　　　）である。（文部科学省）

(2) 教育課程行政と教育課程の基準

　　公の性質を有する学校では、全国的に一定の教育水準を確保し、教育を受ける機会を保障することが要請されるため、教育課程の基準の設定、教育課程の管理・執行及び指導・助言に関する権限を国や地方公共団体に認めている。

　　このように、必要な限度での基準設置等の国・地方の教育課程行政を踏まえて、各学校は地域や学校及び児童生徒の実態に即した教育課程を編成する。

2．教育課程の編成

　教育課程は学校の教育計画であり、各学校において編成するものである。しかし、図1にあるとおり国会で制定される（⑥　　　　　　　　）・（⑦　　　　　　　　）、文部科学省大臣が発する省令・告示である（⑧　　　　　　）・（⑨　　　　　　　）さらに、都道府県及び市町村教育委員会の基準、指導・助言に従わなければならない。

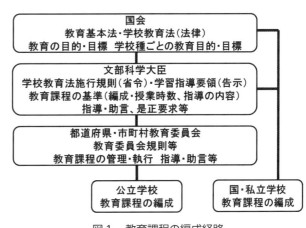

図1　教育課程の編成経路

出典：窪田眞二　小川友次（2021）教育法規便覧　学陽書籍をもとに筆者が一部改変

3．教育課程に関する法制

(1) 教育基本法における教育の目的・目標

　　教育の目的（第1条）、教育の目標（第2条）、義務教育の目的（第5条第2項）

(2) 学校教育法における教育の目的

　　幼稚園（第22条）、小学校（第29条）、中学校（第45条）、義務教育学校（第49条の二）

　　高等学校（第50条）、中等教育学校（第63条）、特別支援学校（第72条）

　　学校教育法第29条　小学校は、心身の発達に応じて、義務教育として行われる普通教育のうち基礎的なものを施すことを目的とする。

　　学校教育法第45条　中学校は、小学校における教育の基礎の上に、心身の発達に応じて義務教育として行われる普通教育を施すことを目的とする。

　　学校教育法第50条　高等学校は、中学校における教育の基礎の上に、心身の発達及び進路に応じて、高度な普通教育及び（⑩　　　　　　）を施すことを目的とする。

　　学校教育法第72条　特別支援学校は、視覚障害者、聴覚障害者、知的障害者、肢体不自

由者又は病弱者（身体虚弱者を含む。）に対して、幼稚園、小学校、中学校又は高等学校に準ずる教育を施すとともに、障害による学習上又は（⑪　　　　　　）の困難を克服し（⑫　　　　　　）を図るために必要な知識技能を授けることを目的とする。

(3) 学校教育法における教育の目標

義務教育の目標（第21条）、幼稚園（第23条）、小学校（第30条）
中学校（第46条）、義務教育学校（第49条の三）、高等学校（第51条）
中等教育学校（第64条）

学校教育法第30条　小学校における教育は、前条に規定する目的を実現するために必要な程度において第二十一条各号に掲げる（⑬　　　　　　）を達成するよう行われるものとする。

(4) 教育課程の基準（指導内容の組織）

学校教育法（第33条、第48条、第49条の七、第68条、第77条）においては、学校の教育課程に関する事項は（⑭　　　　　　　　　　）が定めることが規定されている。

学校教育法施行規則においては、学校種ごとに教育課程の領域構成が示されている。

学校教育法施行規則第50条　小学校の教育課程は、国語、社会、算数、理科、生活、音楽、図画工作、家庭、体育及び（⑮　　　　　　）の各教科、特別の教科である道徳、外国語活動、総合的な学習の時間並びに特別活動によつて編成するものとする。

学校教育法施行規則第72条　中学校の教育課程は、国語、社会、数学、理科、音楽、美術、保健体育、技術・家庭及び外国語の各教科、（⑯　　　　　　　　）である道徳、総合的な学習の時間並びに特別活動によつて編成するものとする。

学校教育法施行規則第83条　高等学校の教育課程は、別表第三に定める各教科に属する科目、総合的な学習の時間及び（⑰　　　　　　　）によつて編成するものとする。

学校教育法施行規則第126条　特別支援学校の小学部の教育課程は、国語、社会、算数、理科、生活、音楽、図画工作、家庭、体育及び外国語の各教科、特別の教科である道徳、外国語活動、総合的な学習の時間、特別活動並びに（⑱　　　　　　　）によつて編成するものとする。

2　前項の規定にかかわらず、知的障害者である児童を教育する場合は、生活、国語、算数、音楽、図画工作及び体育の各教科、特別の教科である道徳、特別活動並びに自立活動によつて教育課程を編成するものとする。ただし、必要がある場合には、外国語活動を加えて教育課程を編成することができる。

(5) 教育課程の基準（標準授業時数）

図2・図3にあるとおり学校教育法施行規則で、小学校（第51条）・中学校（第73条）における授業時数並びに各学年の総授業時数の（⑲　　　　　　）が定められている。

小学校学習指導要領総則、中学校学習指導要領総則では、授業を年間35週（小1は34週）にわたって行うことが定められており、各学年の教科等の授業時数をこの週数で除したものが、週当たり授業時数の目安となる。

例　中学校国語　週4時間　　140÷35＝4

(6) 学習指導要領

学校の教育課程は、指導内容の組織・標準授業時数のほか、学校教育法施行規則（第52条、

区分		第1学年	第2学年	第3学年	第4学年	第5学年	第6学年
各教科の授業時数	国語	306	315	245	245	175	175
	社会			70	90	100	105
	算数	136	175	175	175	175	175
	理科			90	105	105	105
	生活	102	105				
	音楽	68	70	60	60	50	50
	図画工作	68	70	60	60	50	50
	家庭					60	55
	体育	102	105	105	105	90	90
	外国語					70	70
道徳の授業時数		34	35	35	35	35	35
外国語活動の授業時数				35	35		
総合的な学習の時間の授業時数				70	70	70	70
特別活動の授業時数		34	35	35	35	35	35
総授業時数		850	910	980	1015	1015	1015

図2　小学校の標準授業時数
（学校教育法施行規則　別表第一）

※　一単位時間45分

区分		第1学年	第2学年	第3学年
各教科の授業時数	国語	140	140	105
	社会	105	105	140
	数学	140	105	140
	理科	105	140	140
	音楽	45	35	35
	美術	45	35	35
	保健体育	105	105	105
	技術・家庭	70	70	35
	外国語	140	140	140
道徳の授業時数		35	35	35
総合的な学習の時間の授業時数		50	70	70
特別活動の授業時数		35	35	35
総授業時数		1015	1015	1015

図3　中学校の標準授業時数
（学校教育法施行規則　別表第二）

※　一単位時間50分

第74条、第79条の6、第84条、第108条、第129条）により、文部科学大臣が教育課程の基準として公示する学習指導要領によることとなっている。

　学校教育法施行規則第52条　小学校の教育課程については、この節に定めるもののほか、教育課程の基準として文部科学大臣が別に公示する小学校学習指導要領によるものとする。

学習指導要領

　全国どの地域においても国民が一定水準の教育を受けられるように、各学校が編成する教育課程の基準として、各教科等の目標や大まかな教育内容を定めたもの。

　学校教育法及び同法施行規則に基づく文部科学大臣の公示の形式をとることから、法的拘束力を有するとされている。

---

(7)　教科書

　　教科書：国レベルで検討・作成された教育課程を、教材の形で具体化したもの。

　　学校教育法により、学校での教科書の使用が義務づけられている。

　　　小学校（第34条第1項）、中学校（第49条）、義務教育学校（第49条の八）

　　　高等学校（第62条）、中等教育学校（第70条）、特別支援学校（第82条）

　　　学校教育法第34条　小学校においては、（⑳　　　　　　　　　　　　　）の検定を経た教科用図書又は（㉑　　　　　　　　　　　　）が著作の名義を有する教科用図書を使用しなければならない。

　　教科書の定義は、教科書の発行に関する臨時措置法にある。

　　　教科書の発行に関する臨時措置法第2条　この法律において「教科書」とは、小学校、中学校、義務教育学校、高等学校、中等教育学校及びこれらに準ずる学校において、教育課程の構成に応じて組織排列された教科の主たる教材として、教授の用に供せられる児童又は生徒用図書であつて、文部科学大臣の検定を経たもの又は文部科学省が著作の名義を有するものをいう。

(8) 教科書の検定の仕組み

　文部科学大臣が検定の申請を行うことのできる教科用図書の種目及び期間を事前（前年度）に告示する。

　発行者から検定申請があった図書に対しては、文部科学省教科書調査官による調査が開始されるとともに、文部科学大臣の諮問機関である教科用図書検定調査審議会に教科書として適切であるかどうかについて諮問される。

　教科用図書検定調査審議会では、（㉒　　　　　　　　　　　　）や検定基準に基づいて専門的・学術的に公正・中立な審議が行われ、教科書として適切か否かを判定し、これを文部科学大臣に答申する。

　文部科学大臣は、この答申に基づいて合否の決定を行い、その旨を申請者に通知する。

(9) 教科書の採択の仕組み

　義務教育諸学校用教科書採択の仕組みは図4のとおりである。

　（㉓　　　　　　　）は、文部科学大臣に対し、検定を経た教科書で次年度に発行する教科書を届出る。

　文部科学大臣は、届出のあったものをまとめて「教科書目録」を作成し、（㉔　　　　　　　　　）を通じ各学校や市町村教育委員会に送付される。

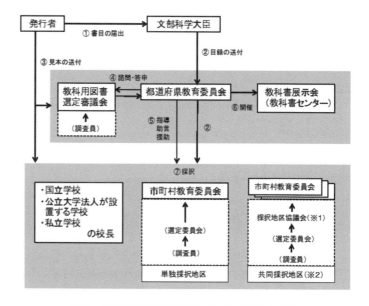

図4　義務教育諸学校用教科書の採択の仕組み

出典：文部科学省　教科書採択の方法
https://www.mext.go.jp/a_menu/shotou/kyoukasho/gaiyou/04060901/1235091.htm（2021年5月11日確認）

　都道府県教育委員会が、（㉕　　　　　　　　　　　　　　　　　　　　）を設置し、調査・研究結果を基にした選定資料を作成する。

　（㉖　　　　　　　　）は、選定資料を参考にするほか、独自に調査・研究した上で1種目につき1種類の教科書を採択する。

　※採択権者：公立学校―所管する教育委員会
　　　　　　　国立学校・公立大学法人が設置する学校・私立学校―（㉗　　　　　）
　　　　　　　公立の高等学校では、採択の権限を有する所管の教育委員会が、各学校の実態に即して採択を行っている。

(10) 教科書無償措置

　1963年（昭和38年）から実施され、日本国憲法第26条第2項の「義務教育は、これを無償とする」という理念を具現化する措置。国・公・私立の義務教育学校に在学している全

児童生徒に対し、その使用する全教科について、国の負担によって無償で給与される。この措置は、長く国民から広く支持され続け、わが国の教育水準の維持・向上を支えてきた。

　義務教育諸学校の教科用図書の無償措置に関する法律第1条　この法律は、教科用図書の無償給付その他義務教育諸学校の教科用図書を無償とする措置について必要な事項を定めるとともに、当該措置の円滑な実施に資するため、義務教育諸学校の教科用図書の採択及び発行の制度を整備し、もつて義務教育の充実を図ることを目的とする。

引用・参考文献

窪田眞二　小川友次　2021　教育法規便覧　学陽書籍

文部科学省　2020　教科書制度の概要
https://www.mext.go.jp/a_menu/shotou/kyoukasho/gaiyou/04060901.htm（2021年5月11日確認）

大野裕己　2017　教育課程経営　河野和清編著　現代教育の制度と行政　福村出版　90-103

課題　1998～1999年（平成10～11年）の学習指導要領改訂により、「ゆとり教育」が推進された。しかし、「ゆとり教育は、学力を低下させた」など、その是非をめぐって教育論争が起こった。そのきっかけとなったのは、2000年前後の学力低下論争である。そこで、ゆとり教育についてあなたの考えを自由に論じなさい。

1. 1947年（昭和22年）誕生

子どもの生活を出発点とする（① 　　　　　　　　　）教育
　・教師が適切に教育課程を編成していくための手引きー教師の自主性の重視
　・小学校で修身、日本歴史、地理を廃止し、社会科を新設　男女共修の家庭科を新設
　　自由研究を新設

○学習指導要領（② 　　　　　）として誕生
　1946年（昭和21年）にアメリカから教育使節団が来日し、協議や実施視察を踏まえて提言を行い、その提言を受けて1947年（昭和22年）に当時の文部省から初の学習指導要領が試案として出された。それは、教師が適切に教育課程を編成していくための（③ 　　　　　　　）であると説明された。当時の文部省の教育課程の考え方は、学ぶのは子どもであり、子どもが現実の生活で出会う「いろいろな問題を適切に解決」していく問題解決能力の育成が、学習指導要領の目的であるというものである。この学習指導要領の背後にはアメリカのデューイの進歩主義教育の思想があった。

2. 1951年（昭和26年）改訂

（④ 　　　　　　　　　　）教育のいっそうの推進
　・「手引き」「試案」も引き継ぐ
　・高等学校の教育課程も加わる
　・教科課程から教育課程の名称に改める

○前回の学習指導要領の補完
　1947年（昭和22年）にはじめて出された学習指導要領は、戦後の教育改革の急に迫られて極めて短時間の間に作成されたもので、例えば、教科間の関連が十分図られていなかったことなどの問題があった。また、よりわかりやすく趣旨を説明したり、現場の意見を盛り込んだりする必要があったことから、翌年から改訂作業が進められ、4年後に改訂をされた。「経験」「生活」がより強調され、「経験の組織が教科である」と明確に述べられ、教科学習においても、生活の中での活動を基に単元を組織する生活単元学習を要求している。

3. 1958〜1960年（昭和33〜35年）改訂

教育課程の基準として性格の明確化
　・（⑤ 　　　　　　　　　　）の新設、（⑥ 　　　　　　　　　）の充実、
　　（⑦ 　　　　　　　　　　　）の向上等
　・（⑧ 　　　　　　　）へ

（実施）小学校：昭和36年度、中学校：昭和37年度、高等学校：昭和38年度（学年進行）

○初めての文部大臣の告示

　昭和26年の学習指導要領については「這い回る経験主義」と批判されたように、全教科を通じて、戦後の新教育の潮流となっていた経験主義や単元学習に偏り過ぎる傾向があり、各教科のもつ系統性を重視すべきではないかという問題があった。また、授業時数の定め方に幅があり過ぎるということもあり、地域による学力差が目立ち、国民の基礎教育という観点から基礎学力の充実が叫ばれるようになった。そのほか、基礎学力の充実に関連し科学技術教育の振興が叫ばれ、理科、算数の改善が要請された。

4．1968 ～ 1970年（昭和43 ～ 45年）改訂

教育内容の一層の向上（⑨　　　　　　　　　　　　　　）
・時代の進展に対応した教育内容の導入
・算数における集合の導入等
・特別教育活動と学校行事統合し、特別活動とする

（実施）小学校：昭和46年度、中学校：昭和47年度、高等学校：昭和48年度（学年進行）
○高度経済成長を背景に教育内容も授業時間も量的にピーク

　多くの内容を早いスピードで指導→「新幹線教育」

　1958年（昭和33年）の改訂後、国民生活の向上、文化の発展、社会情勢の進展はめざましいものがあった。また、我が国の国際的地位の向上とともにその果たすべき役割もますます大きくなりつつあった。そこで、教育内容の一層の向上を図り、時代の要請に応えるとともに、さらに、実施の経験にかんがみ、児童の発達の段階や個性、能力に即し、学校の実情に適合するように改善を行う必要があった。

5．1977 ～ 1978年（昭和52 ～ 53年）改訂

（⑩　　　　　　　　　　　　　　　　　　　）学校生活の実現＝学習負担の適正化
・各教科等の目標・内容を中核的事項に絞る

（実施）小学校：昭和55年度、中学校：昭和56年度、高等学校：昭和57年度（学年進行）
○小・中学校の授業時数を1割程度削減→（⑪　　　　　　　　　　　　　）

　1968年（昭和43年）の改訂後、学校教育は急速な発展を遂げ、1973年度（昭和48年度）には高等学校への進学率が90パーセントを超えるに至り、このような状況にどのように対応するかということが課題となっていた。また、学校教育が知識の伝達に偏る傾向があるとの指摘もあり、真の意味における知育を充実し、児童生徒の知・徳・体の調和のとれた発達をどのように図っていくかということが課題になっていた。

6. 1989年（平成元年）改訂

社会の変化に自ら対応できる心豊かな人間の育成
- （⑫　　　　　　　）の新設（小学校１・２年）
- 道徳教育の充実
- 自ら学ぶ意欲と自己教育力の育成を重視 ー（⑬　　　　　　　　　　　　）

（実施）小学校：平成４年度、中学校：平成５年度、高等学校：平成６年度（学年進行）

○個性尊重と（⑬　　　　　　　　　　　）

　1977年（昭和52年）の改訂後、科学技術の進歩と経済の発展は、物質的な豊かさを生むとともに、情報化、国際化、価値観の多様化、核家族化、高齢化など、社会の各方面に大きな変化をもたらすに至った。しかも、これらの変化は、今後ますます拡大し、加速化することが予想された。このような社会の変化に対応する観点から教育内容の見直しを行うことが求められていた。

7. 1998～1999年（平成10～11年）改訂

基礎・基本を確実に身に付けさせ、自ら学び自ら考える力などの（⑭　　　　　　　　）の育成
- 教育内容の厳選
- （⑮　　　　　　　　　　　　　　）の新設（小学校３年以上）

（実施）小学校：平成14年度、中学校：平成14年度、高等学校：平成15年度（学年進行）

○（⑯　　　　　　　）教育学校週５日制の対応

　　　　　　　　　　　　　授業時数1968年（昭和43年）改定に比べ26％削減

　1996年（平成８年）の中央教育審議会の「21世紀を展望した我が国の教育の在り方について」の第１次答申は、21世紀を展望し、我が国の教育について、（⑯　　　　　　　）の中で（⑭　　　　　　　　）をはぐくむことを重視することを提言した。（⑭　　　　　　　　）について、同答申は「いかに社会が変化しようと、自分で課題を見つけ、自ら学び、自ら考え、主体的に判断し、行動し、よりよく問題を解決する資質や能力」「自らを律しつつ、他人とともに協調し、他人を思いやる心や感動する心など、豊かな人間性」「たくましく生きるための健康や体力」を重要な要素として挙げた。また、同答申は（⑯　　　　　　　）の中で（⑭　　　　　　　　）をはぐくむ観点から、完全学校週５日制の導入を提言するとともに、そのねらいを実現するためには、教育内容の厳選が是非とも必要であるとしている。

　→2002年（平成14年）完全学校週５日制実施

8. 2003年（平成15年）一部改正

> 学習指導要領の内容の一層の実現
> ・学習指導要領に示していない内容を指導できることを明確化
> ・個に応じた指導の例示に小学校の習熟度別指導や小・中学校の補充・発展学習を追加
> ・総合的な学習の時間の一層の充実

○学力低下論争

　1999年『分数のできない大学生』が刊行されたあと、大学生の学力低下を問題とした学力低下論争が始まった。そして、学習指導要領の実施がさらに「学力の低下」を招くのではないかという懸念が高まった。学力低下は社会問題にまで発展し、文部科学省は2002年（平成14年）に「学びのすすめ」アピールを出し、2003年（平成15年）に学習指導要領の一部改正を行うこととなった。

9. 2008～2009年（平成20～21年）改訂

> 「生きる力」の育成、基礎的・基本的な知識・技能の習得、思考力・判断力・表現力等の育成のバランス
> ・授業時数の増加
> ・指導内容の充実
> ・小学校外国語活動の導入

（実施）小学校：平成23年度、中学校：平成24年度、高等学校：平成25年度（年次進行）
　　　※小・中は平成21年度、高は平成22年度から一部先行実施
○「生きる力」の理念の継承　　　（⑰　　　　　　　　　　　　　　　）と確かな学力

　2000年代に入ると、「ゆとり教育」の是非をめぐって教育論争が激しく展開された。経済協力開発機構（OECD）が実施している国際学力調査の「読解力」部門の成績で、2000年（平成12年）8位だったのが、2003年（平成15年）14位に低下したこと（PISAショック）で、論争のピークを迎えた。このような流れの中、2008年（平成20年）中央教育審議会答申で、次期学習指導要領の基本方針は「知識基盤社会」における「生きる力」を育てることとされた。そして、今回の改訂においては、これまでの理念を継承し、教育基本法改正等を踏まえ、「確かな学力」「豊かな心」「健康・体力」からなる「生きる力」を育成することを示した。
※21世紀は新しい情報・知識・技術が政治・経済・文化をはじめ社会のあらゆる領域での活動の基盤として飛躍的に重要度を増す社会といわれている。このような社会を「知識基盤社会」という。

10. 2015年（平成27年）一部改正

（実施）小学校：平成30年度、中学校：令和元年度

> 道徳の「特別の教科」化
> ・「答えが一つではない課題に子どもたちが道徳的に向き合い、考え、議論する」道徳教育への転換

引用・参考文献

文部科学省　学習指導要領「生きる力」

https://www.mext.go.jp/a_menu/shotou/new-cs/index.htm（2021年5月11日確認）

文部科学省　学習指導要領の変遷

https://www.mext.go.jp/a_menu/shotou/new-cs/idea/1304360_002.pdf（2021 年 5 月 11日確認）

課題　これからの子どもたちは、グローバル化や情報化などによる社会の変化に対応するとともに、自分たちを取り巻く様々な社会の課題に向き合い、解決しようとする力が必要である。そのような資質・能力を育むために、新学習指導要領では、小学校段階、中学校段階、高等学校段階を通じて、どのような学習内容の充実を図ろうとしているか。新たに取り組むこと，これからも重視することを具体的に述べなさい。

例

言語能力の育成

　　言語能力はすべての学習の基盤となる力である。国語だけでなく他の教科等でも、レポートの作成や議論などの言語活動を行い、教育課程全体を通じて言葉の力を育む。

1. 学習指導要領改訂のプロセス

2014年（平成26年）11月（①　　　　　　　　　　　　　　　）から（②　　　　　　　　　　　　　　　　　）に諮問

↓

中央教育審議会教育課程部会での審議

文部科学省初等中等教育局教育課程課（事務局　2018年度末　定員20名）が事務局を務め、40名程度の視学官・教科調査官（教職経験や研究歴のある教科等の教育の専門家）を軸に、中央教育審議会初等中等教育分科会の教育課程部会の委員として任命された470人を超える専門家や有識者が2年間にわたって440時間以上の審議を積み上げてかたちづくられる。23におよぶ会議体が総計200回以上の会議を行った。

↓

2015年（平成27年）8月　中央教育審議会、基本的方向性を示した「論点整理」公表

↓

2016年（平成28年）8月　中央教育審議会、具体的な改善策をまとめた「審議のまとめ」発表

↓

2016年（平成28年）12月　中央教育審議会、文部科学大臣に答申

↓

2017年（平成29年）3月　文部科学大臣、新しい小中学校学習指導要領を告示

↓

2018年（平成30年）3月　文部科学大臣、新しい高等学校学習指導要領を告示

　学習指導要領は10年にわたる全国の学校における教育課程の基準である。従って、国民的関心も高く、告示の前に改定案を公表し、パブリックコメント、意見募集をしている。

　学習指導要領改訂に関するスケジュールは、図1のとおりである。なお、東京オリンピック・パラリンピックは令和3年度に延期された。

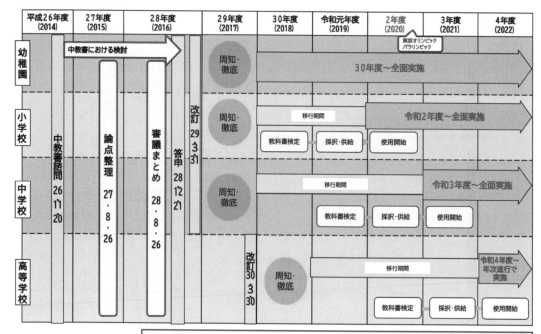

	平成26年度 (2014)	27年度 (2015)	28年度 (2016)	29年度 (2017)	30年度 (2018)	令和元年度 (2019)	2年度 (2020)	3年度 (2021)	4年度 (2022)
幼稚園	中教審諮問 26.11.20	中教審における検討 論点整理 27・8・26	審議まとめ 28・12・21	改訂 29.3.31 周知・徹底		30年度～全面実施	東京オリンピック パラリンピック		
小学校				周知・徹底	移行期間 教科書検定	採択・供給	令和2年度～全面実施 使用開始		
中学校				周知・徹底	移行期間	教科書検定	採択・供給	令和3年度～全面実施 使用開始	
高等学校				改訂 30.3.30 周知・徹底		移行期間	教科書検定	採択・供給	令和4年度～年次進行で実施 使用開始

特別支援学校学習指導要領（幼稚部及び小学部・中学部）についても、平成29年4月28日に改訂告示を公示。
特別支援学校学習指導要領（高等部）についても、高等学校学習指導要領と一体的に改訂を進める。

図1　学習指導要領改訂に関するスケジュール

出典：文部科学省　新学習指導要領について
https://www.mext.go.jp/b_menu/shingi/chousa/shisetu/044/shiryo/__icsFiles/afieldfile/2019/06/19/1418049_006.pdf（2021年5月12日確認）

新学習指導要領改訂のプロセスの中で重視されていること。
・我が国の150年間にわたる教科教育研究の蓄積、活用（教育の専門家の参加）
・「人によって学びとは何か」といった認知や学習についての研究の進展（研究の専門家の参加）
・社会構造の動的変化を受け止めること（教育関係のNPOや企業の代表者の参加）

未来社会を語るキーワード
・Society 5.0（③　　　　　　　　　　　　　　）
・AI（④　　　　　　　　　）の飛躍的進化
・第四次産業革命

---

2. Society（ソサエティー）

Societyは図2にあるとおりである。
Society 1.0（⑤　　　　　　　　　　　　　）
Society 2.0（⑥　　　　　　　　　　　　　）
Society 3.0（⑦　　　　　　　　　　　　　）
Society 4.0（⑧　　　　　　　　　　　　　）
Society 5.0（⑨　　　　　　　　　　　　　）

> Society 5.0：情報が溢れている現在（Society4.0）の課題に対して IoT（Internet of Things：
> モノのインターネット）や AI（Artificial Intelligence：人工知能）などの最新テク
> ノロジーを活用した便利な社会

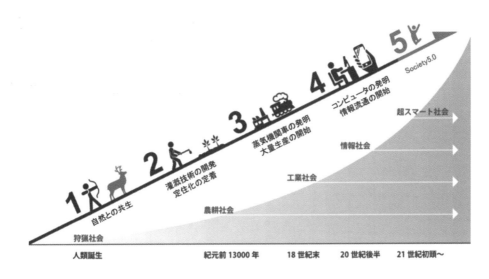

図2　Society 5.0 とは

出典：日本経済団体連合会　Society 5.0 for SDGs　https://www.keidanrensdgs.com/society-5-0-jp（2021
年5月13日確認）

　図3・図4は、これまでの教育・社会と Society5.0 の教育・社会を示している。二つの図を
見て、自分の考えを論理的・客観的にまとめよう。

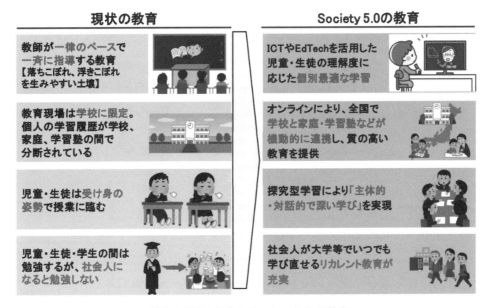

図3　現状の教育と Society 5.0 の教育

出典：日本経済団体連合会「EdTech を活用した Society 5.0 時代の学び」（2020 年3月17日）を基に経団連事
務局にて作成
https://www.keidanren.or.jp/policy/2020/063_honbun.pdf（2021 年5月13日確認）

図4　Society 5.0 で実現する社会

出典：内閣府　Society 5.0　https://www8.cao.go.jp/cstp/society5_0/（2021 年 5 月 13 日確認）

3．AI（人工知能）の飛躍的進化

　図5・図6は、AI（人工知能）と仕事の関係を示している。二つの図を見て、自分の考えを論理的・客観的にまとめよう。

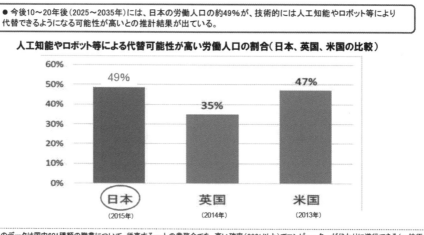

図5　人工知能やロボット等による代替可能性が高い労働人口の割合

出典：2015 年 12 月 2 日株式会社野村総合研究所 News Release を元に文部科学省作成　文部科学省（2018）高等教育の将来構想に関する参考資料
https://www.mext.go.jp/b_menu/shingi/chukyo/chukyo4/042/siryo/__icsFiles/afieldfile/2018/02/23/1401754_07.pdf（2021 年 5 月 13 日確認）

- 必ずしも特別の知識・スキルが求められない職業に加え、データの分析や秩序的・体系的操作が求められる職業については、人工知能等で代替できる可能性が高い傾向。
- 一方、芸術・歴史学・考古学、哲学・神学など抽象的な概念を整理・創出するための知識が要求される職業、他者との協調や、他者の理解、説得、ネゴシエーション、サービス志向性が求められる職業は、人工知能等での代替は難しい傾向。

代替可能性が高い職業

IC生産オペレーター	ゴム製品成形工（タイヤ成形を除く）	電気通信技術者
一般事務員	こん包工	電算写植オペレーター
鋳物工	サッシ工	電子計算機保守員（IT保守員）
医療事務員	産業廃棄物収集運搬作業員	電子部品製造工
受付係	紙器製造工	電車運転士
AV・通信機器組立・修理工	自動車組立工	道路パトロール隊員
駅務員	自動車塗装工	日用品修理ショップ店員
NC研削盤工	出荷・発送係員	バイク便配達員
NC旋盤工	じんかい収集作業員	発電員
会計監査係員	人事係事務員	非破壊検査員
加工紙製造工	新聞配達員	ビル施設管理技術者
貸付係事務員	診療情報管理士	ビル清掃員
学校事務員	水産ねり製品製造工	物品購買事務員
カメラ組立工	スーパー店員	プラスチック製品成形工
機械工	生産現場事務員	プロセス製版オペレーター
寄宿舎・寮・マンション管理人	製パン工	ボイラーオペレーター
CADオペレーター	製粉工	貿易事務員
給食調理人	製本作業員	包装作業員
教育・研修事務員	清涼飲料ルートセールス員	保管・管理係員
行政事務員（国）	石油精製オペレーター	保険事務員
行政事務員（県市町村）	セメント生産オペレーター	ホテル客室係
銀行窓口係	繊維製品検査工	マシニングセンター・オペレーター
金属加工・金属製品検査工	倉庫作業員	ミシン縫製工
金属研磨工	惣菜製造工	めっき工
金属材料製造検査工	測量士	めん類製造工
金属熱処理工	宝くじ販売人	郵便外務員
金属プレス工	タクシー運転者	郵便事務員
クリーニング取次店員	宅配便配達員	有料道路料金収受員
計器組立工	鍛造工	レジ係
警備員	駐車場管理人	列車清掃員
経理事務員	通関士	レンタカー営業所員
検収・検品係員	通信販売受付事務員	路線バス運転者
検針員	積卸作業員	
建設作業員	データ入力係	

代替可能性が低い職業

アートディレクター	歯科医師	日本語教師
アウトドアインストラクター	児童厚生員	ネイル・アーティスト
アナウンサー	シナリオライター	バーテンダー
アロマセラピスト	社会学研究者	俳優
犬訓練士	社会教育主事	はり師・きゅう師
医療ソーシャルワーカー	社会福祉施設介護職員	美容師
インテリアコーディネーター	社会福祉施設指導員	評論家
インテリアデザイナー	獣医師	ファッションデザイナー
映画カメラマン	柔道整復師	フードコーディネーター
映画監督	ジュエリーデザイナー	舞台演出家
エコノミスト	小学校教員	舞台美術家
音楽教室講師	商業カメラマン	フラワーデザイナー
学芸員	小児科医	フリーライター
学校カウンセラー	商品開発部員	プロデューサー
観光バスガイド	助産師	ペンション経営者
教育カウンセラー	心理学研究者	保育士
クラシック演奏家	人類学者	放送記者
グラフィックデザイナー	スタイリスト	放送ディレクター
ケアマネージャー	スポーツインストラクター	報道カメラマン
経営コンサルタント	スポーツライター	法務教官
芸能マネージャー	声楽家	マーケティング・リサーチャー
ゲームクリエーター	精神科医	マンガ家
外科医	ソムリエ	ミュージシャン
言語聴覚士	大学・短期大学教員	盲・ろう・養護学校教員
工業デザイナー	中学校教員	幼稚園教員
広告ディレクター	中小企業診断士	理学療法士
国際協力専門家	ツアーコンダクター	料理研究家
コピーライター	ディスクジョッキー	旅行会社カウンター係
作業療法士	ディスプレイデザイナー	レコードプロデューサー
作詞家	デスク	レストラン支配人
作曲家	テレビカメラマン	録音エンジニア
雑誌編集者	テレビタレント	
産業カウンセラー	図書編集者	
産婦人科医	内科医	

※50音順、並びは代替可能性確率とは無関係
職業名は、労働政策研究・研修機構「職務構造に関する研究」に対応

図6　人工知能やロボット等による代替可能性が高い / 低い100種の職業

出典：2015年12月2日株式会社野村総合研究所 News Release を元に文部科学省作成　文部科学省（2018）高等教育の将来構想に関する参考資料
https://www.mext.go.jp/b_menu/shingi/chukyo/chukyo4/042/siryo/__icsFiles/afieldfile/2018/02/23/1401754_07.pdf（2021年5月13日確認）

4．産業革命

第1次産業革命

　18世紀後半、蒸気・石炭を動力源とする軽工業中心の経済発展および社会構造の変革。イギリスで蒸気機関が発明され、工場制機械工業が幕開けとなった。

第2次産業革命

　19世紀後半、電気・石油を新たな動力源とする重工業中心の経済発展および社会構造の変革。エジソンが電球などを発明したことや物流網の発展などが相まって、大量生産、大量輸送、大量消費の時代が到来。フォードのT型自動車は、第2次産業革命を代表する製品の1つといわれる。

第3次産業革命

　20世紀後半、コンピューターなどの電子技術やロボット技術を活用したマイクロエレクトロニクス革命により、自動化が促進された。日本メーカーのエレクトロニクス製品や自動車産業の発展などが象徴的である。

第4次産業革命

　デジタル技術の進展と、あらゆるモノがインターネットにつながる IoT の発展により、限界費用や取引費用の低減が進み、新たな経済発展や社会構造の変革を誘発すると議論される。

5．児童・生徒の現状

　図7・図8は、PISA2018・TIMSS2019 の結果である。二つの図を見て、自分の考えを論理的・客観的にまとめよう。

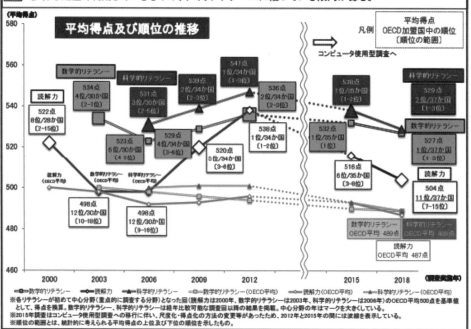

図7　OECD 生徒の学習到達度調査 2018 年調査（PISA2018）の結果

出典：文部科学省・国立教育政策研究所（2019）OECD 生徒の学習到達度調査 2018 年調査（PISA2018）のポイント　https://www.nier.go.jp/kokusai/pisa/pdf/2018/01_point.pdf（2021 年 7 月 15 日確認）

※500点は1995年調査の平均点(TIMSS基準値)であり、それ以降の各調査の国際平均得点は公表されていない。

【平均得点の推移】 ※小学4年生は1999年調査実施せず

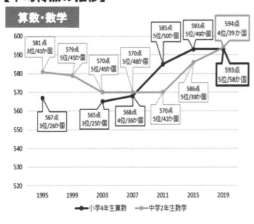
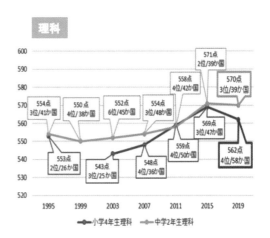

図8　国際数学・理科教育動向調査(TIMSS2019)の結果

出典：文部科学省・国立教育政策研究所(2020)国際数学・理科教育動向調査(TIMSS2019)のポイント https://www.mext.go.jp/content/20201208-mxt_chousa02-100002206-1.pdf(2021年7月15日確認)

6. 中央教育審議会答申から

「幼稚園、小学校、中学校、高等学校及び特別支援学校の学習指導要領等の改善及び必要な方策等について」(一部)2016年(平成28年)12月21日

○近年顕著となってきているのは、知識・情報・技術をめぐる変化の早さが加速度的となり、情報化やグローバル化といった社会的変化が、人間の予測を超えて進展するようになってきていることである。

○人工知能がいかに進化しようとも、それが行っているのは与えられた目的の中での処理である。一方で人間は、感性を豊かに働かせながら、どのような未来を創っていくのか、どのように社会や人生をよりよいものにしていくのかという目的を自ら考え出すことができる。多様な文脈が複雑に入り交じった環境の中でも、場面や状況を理解して自ら目的を設定し、その目的に応じて必要な情報を見いだし、情報を基に深く理解して自分の考えをまとめたり、相手にふさわしい表現を工夫したり、答えのない課題に対して、多様な他者と協働しながら

目的に応じた納得解を見いだしたりすることができるという強みを持っている。

〇このために必要な力を成長の中で育んでいるのが、人間の学習である。…新たな価値を生み出していくために必要な力を身に付け、子供たち一人一人が、予測できない変化に受け身で対処するのではなく、主体的に向き合って関わり合い、その過程を通して、自らの可能性を発揮し、よりよい社会と幸福な人生の創り手となっていけるようにすることが重要である。

〇社会や産業の構造が変化し、質的な豊かさが成長を支える成熟社会に移行していく中で、特定の既存組織のこれまでの在り方を前提としてどのように生きるかだけではなく、様々な情報や出来事を受け止め、主体的に判断しながら、自分を社会の中でどのように位置付け、社会をどう描くかを考え、他者と一緒に生き、課題を解決していくための力の育成が社会的な要請となっている。

〇こうした力の育成は、学校教育が長年「生きる力」の育成として目標としてきたものであり、…今は正に、学校と社会とが認識を共有し、相互に連携することができる好機にあると言える。

〇こうした教育基本法が目指す教育の目的や目標に基づき、先に見た子供たちの現状や課題を踏まえつつ、2030 年とその先の社会の在り方を見据えながら、学校教育を通じて子供たちに育てたい姿を描くとすれば、以下のような在り方が考えられる。

・社会的・職業的に自立した人間として、我が国や郷土が育んできた伝統や文化に立脚した広い視野を持ち、理想を実現しようとする高い志や意欲を持って、主体的に学びに向かい、必要な情報を判断し、自ら知識を深めて個性や能力を伸ばし、人生を切り拓いていくことができること。

・対話や議論を通じて、自分の考えを根拠とともに伝えるとともに、他者の考えを理解し、自分の考えを広げ深めたり、集団としての考えを発展させたり、他者への思いやりを持って多様な人々と協働したりしていくことができること。

・変化の激しい社会の中でも、感性を豊かに働かせながら、よりよい人生や社会の在り方を考え、試行錯誤しながら問題を発見・解決し、新たな価値を創造していくとともに、新たな問題の発見・解決につなげていくことができること。

7. なぜ学習指導要領が改訂されるの？

　近年、グローバル化や、スマートフォンの普及、ビッグデータや人工知能（AI）の活用などによる技術革新が進んでいます。10 年前では考えられなかったような激しい変化が起きており、今後も、社会の変化はさらに進むでしょう。海外の専門家の中には、「今後 10 ～ 20 年程度で、半数近くの仕事が自動化される可能性が高い」、「2011 年度にアメリカの小学校に入学した子供たちの 65％は、大学卒業時に彼らが小学生の頃には存在していなかった職業に就くだろう」などと述べる人もいます。進化した人工知能（AI）が様々な判断を行ったり、身近な物の働きがインターネット経由で最適化されたりする時代が到来し、社会や生活を大きく変えていくとの予測がされています。このように社会の変化が激しく、未来の予測が困難な時代の中で、子供たちには、変化を前向きに受け止め、社会や人生を、人間ならではの感性を働かせてより豊かなものにしていくことが期待されています。子供たちが学校で学ぶことは、社会と切り離されたものではありません。社会の変化を見据えて、子供たちがこれから生きていくために必要な資質・能力を踏まえて学習指導要領を改訂しています。（政府広報オンラインから）

8. これからの教育課程の理念

　よりよい（⑩　　　　　　）を通じてよりよい社会を創るという目標を（⑪　　　　）と社会とが共有し、それぞれの学校において、必要な教育内容をどのように（⑫　　　　）、どのような（⑬　　　　　　）を身に付けられるようにするのかを明確にしながら、社会との（⑭　　　　　　）によりその実現を図っていく。

社会に開かれた教育課程
・社会や世界の状況を幅広く視野に入れ、よりよい学校教育を通じてよりよい社会を創るという目標を持ち、教育課程を介してその目標を社会と共有していくこと。
・これからの社会を創り出していく子供たちが、社会や世界に向き合い関わり合い、自分の人生を切り拓いていくために求められる資質・能力とは何かを、教育課程において明確化し育んでいくこと。
・教育課程の実施に当たって、地域の人的・物的資源を活用したり、放課後や土曜日等を活用した社会教育との連携を図ったりし、学校教育を学校内に閉じずに、その目指すところを社会と共有・連携しながら実現させ ること。

9. 学習指導要領の考え方

　図 9 の（⑮　　　　　　　　　　）という観点では、図 10 にあるとおり育成する能力を三つの柱で整理した。次に（⑯　　　　　　）という観点では、新しい時代に必要となる資質・能力を踏まえた教科・科目等の新設や目標・内容の見直しを行った。（⑰　　　　　　　　　）という観点では、主体的・対話的で深い学び（アクティブ・ラーニング）の視点から学習過程の改善を進めていこうとしている。各学校では、3 つの観点を意識しながら教育課程の展開を学校全体として

円滑にすすめること、すなわち（⑱　　　　　　　　　　　　　　　　）をとおして、
（⑲　　　　　　　　　　　　　　　　）の実現に迫ることが重要である。

図9　学習指導要領改訂の方向性

出典：文部科学省（2017）新しい学習指導要領の考え方－中央
教育審議会における議論から改訂そして実施へ－
https://www.mext.go.jp/a_menu/shotou/new-cs/__icsFiles/
afieldfile/2017/09/28/1396716_1.pdf（2021年5月13日確認）

図10　育成すべき資質・能力の三つの柱

出典：文部科学省（2017）新しい学習指導要領
の考え方－中央教育審議会における議論から改訂
そして実施へ－
https://www.mext.go.jp/a_menu/shotou/new-
cs/__icsFiles/afieldfile/2017/09/28/1396716_1.
pdf（2021年5月13日確認）

　　図11は、どのように学ぶかの観点から、「主体的・対話的で深い学び」の実現に向けて詳しく
述べられている。

図11　主体的・対話的で深い学びの実現（「アクティブ・ラーニング」の視点からの授業改善）について（イメージ）

出典：文部科学省（2017）新しい学習指導要領の考え方－中央教育審議会における議論から改訂そして実施へ－
https://www.mext.go.jp/a_menu/shotou/new-cs/__icsFiles/afieldfile/2017/09/28/1396716_1.pdf（2021年5月13日確認）

10. カリキュラム・マネジメント

(1) カリキュラム・マネジメントとは

　　各学校が教育目標の実現に向け、学習指導要領に基づき教育課程を編成・実施・評価・改善していくこと。

(2) カリキュラム・マネジメントの3つの側面

・各教科等の教育内容を相互の関係で捉え、学校の教育目標を踏まえた教科横断的な視点でその目標の達成に必要な教育の内容を組織的に配列していく。

・教育内容の質の向上に向けて、子供たちの姿や地域の現状等に関する調査や各種データ等に基づき、教育課程を編成し、実施し、評価して改善を図る一連のPDCAサイクルを確立する。

・教育内容と、教育活動に必要な人的・物的資源等を、地域等の外部の資源も含めて活用しながら効果的に組み合わせる。

引用・参考文献

中央教育審議会　2016　幼稚園、小学校、中学校、高等学校及び特別支援学校の学習指導要領等の改善及び必要な方策等について（答申）

https://www.mext.go.jp/b_menu/shingi/chukyo/chukyo0/toushin/__icsFiles/afield-file/2017/01/10/1380902_0.pdf（2021年5月13日確認）

合田哲雄　2019　教育課程行政－学習指導要領を「使いこなす」ということ－　青木英一編著　教育制度を支える教育行政　75-90

三菱総合研究所　2017　第4次産業革命における産業構造分析とIoT・AI等の進展に係る現状及び課題に関する調査研究報告書

https://www.soumu.go.jp/johotsusintokei/linkdata/h29_03_houkoku.pdf（2021年5月13日確認）

文部科学省　2017　新しい学習指導要領の考え方－中央教育審議会における議論から改訂そして実施へ－

https://www.mext.go.jp/a_menu/shotou/new-cs/__icsFiles/afieldfile/2017/09/28/1396716_1.pdf（2021年5月13日確認）

文部科学省・国立教育政策研究所　2020 国際数学・理科教育動向調査（TIMSS2019）のポイント

https://www.mext.go.jp/content/20201208-mxt_chousa02-100002206-1.pdf（2021年7月15日確認）

文部科学省・国立教育政策研究所　2019 OECD 生徒の学習到達度調査2018年調査（PISA2018）のポイント

https://www.nier.go.jp/kokusai/pisa/pdf/2018/01_point.pdf（2021年7月15日確認）

政府広報オンライン　2019　暮らしに役立つ情報　2020年度、子供の学びが進化します！新しい学習指導要領、スタート！

https://www.gov-online.go.jp/useful/article/201903/2.html（2021年5月13日確認）

課題　次の記事（NHK（2020）NEWS WEB）は、学校の教員不足について書かれている。それを読んであなたの考えを自由に論じなさい。

「新型コロナで業務急増なのに 小中学校教員 全国で約500人不足　2020年6月5日17時29分」

　今月から各地で学校が再開されましたが、教員不足が深刻な状況です。全国の小中学校の教員数は、定数に対して少なくともおよそ500人が不足していることがわかりました。学校現場では新型コロナウイルスの感染防止で業務が急増していて、専門家は「外部人材の活用をさらに進めるなど早急な対策が必要だ」と指摘しています。

　今月から全国各地で小中学校が再開されたことを受けて、NHKでは教員不足の実態を取材しました。都道府県と政令指定都市、合わせて67の教育委員会に教員の配置状況を尋ねたところ、今月初めまでに31の教育委員会で、定数に対して、少なくともおよそ500人の教員が不足し、配置できない状況であることがわかりました。（中略）こうした地域では教員不足のため、少人数学級を断念するなどの影響が出ているということです。

　さらに深刻なのは新型コロナウイルスによる影響です。学校現場では感染防止のため、校内の消毒作業や分散登校などで、人手はさらに必要になっていて、国も教員など合わせて8万5000人を臨時に学校に配置できるよう取り組むとしています。ところが、多くの自治体では、募集しても人が集まらないなど、新たな教員の確保が困難な状況だということです。

1．教員不足

　教員不足とは、臨時的任用教員等の講師の確保ができず、実際に学校に配置されている教師の数が、各教育委員会において学校に配置することとしている教師の数を満たしておらず欠員が生じる状態のことである。特に学級担任や教科担任が不足する場合も見られ、学校経営や教科指導等に支障が生じるので緊急性が高い。

　図1は、11の都道府県・政令指定都市の協力を得て行った教員の確保の状況に関するアンケート結果（平成29年度）である。アンケートを行ったのは、都道府県（北海道、茨城県、埼玉県、千葉県、愛知県、福岡県、大分県、鹿児島県）、政令指定都市は、（大阪市、北九州市、福岡市）である。

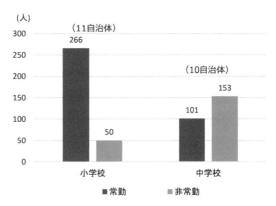

図1　平成29年度始業日時点における「教員の不足数」

出典：文部科学省（2021）「令和の日本型学校教育」を担う教師の養成・採用・研修等の在り方について関係資料
https://www.mext.go.jp/content/20210312-mxt_kyoikujinzai01-000013426-3.pdf（2021年5月18日確認）

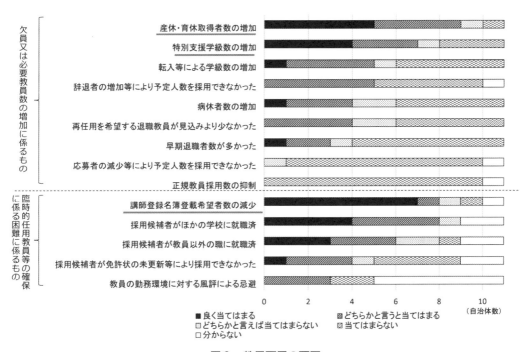

図2　教員不足の要因

出典：文部科学省（2021）「令和の日本型学校教育」を担う教師の養成・採用・研修等の在り方について関係資料
https://www.mext.go.jp/content/20210312-mxt_kyoikujinzai01-000013426-3.pdf（2021年5月18日確認）

　図2は、教員不足の要因である。

　「欠員又は必要教員数の増加に係るもの」の中で、「良く当てはまる」の多い項目を補足説明すると次のとおりになる。

・教師の年齢構成の偏りにより若手層が増加していることを背景に、産休・育休代替教員数は増加している。

・特別支援学級や通級による指導を受けている児童生徒数、日本語指導が必要な児童生徒数等は増加している。

・精神疾患による病気休職者数の教員の総数に占める割合（令和元年度）は、小学校で0.64％、中学校で0.60％となっている。

・定年退職者数の増加に伴い、退職者数は高い水準で推移している。

「臨時的任用教員等の確保に係る困難に係るもの」からも明らかなように、教員で不足しているのは、（①　　　　　　　　　　　　　　　　）である。

　正規雇用教員は、教員免許を取得後、教員採用試験に合格して、定年まで雇用を約束されている。

　非正規雇用教員は次の3つに分けられる。

・（②　　　　　　　　　　　　　　　　）は、最長1年間の任期付き採用だが、フルタイムの常勤で、学級担任や部活指導を任されている。（「産休・育休代替」と、それ以外の二種類に大きく分けられる）

・（③　　　　　　　　　　　　　　　　）は、教科の授業だけを受け持ち、授業1コマ受け持っていくらという時間契約のため、夏休みなどは収入がない。

・（④　　　　　　　　　　　　　　　　）は、2001年に地方公務員法が改正され、定年退職者を1年以内の任期つきで常勤や時短勤務者として勤務する。

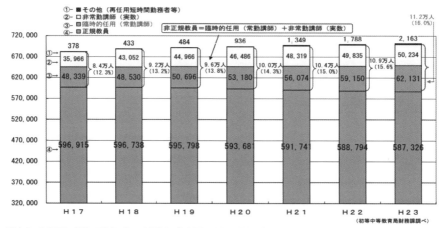

図3　公立小・中学校の正規教員と非正規教員の推移（H17〜H23）

出典：文部科学省　非正規教員の任用状況について
https://www.mext.go.jp/b_menu/shingi/chousa/shotou/084/shiryo/__icsFiles/afieldfile/2012/06/28/1322908_2.pdf
（2021年5月18日確認）

　図3にあるとおり、非正規雇用教員は、その数及び教員総数に占める割合とも増加傾向にある。2005年（平成17年）には8.4万人（12.3％）であったが、2011年（平成23年）には11.2万人（16.0％）になっている。そのうち非常勤講師は約5万人（7.2％）、臨時的任用教員は約6.2万人（8.8％）となっている。

２．教員不足の理由

(1) 非正規雇用教員への依存

　　2001 年（平成 13 年）以降、（⑤　　　　　　　　　）の枠が（⑥　　　　　　　　　）に置き換えられ、非正規雇用教員への依存率が高くなった。

　　その背景として、次の４つがある。

　　・2001 年（平成 13 年）「公立義務教育諸学校の学級編成及び教職員定数の標準に関する法律（⑦　　　　　　　　　）」の改正

　　義務教育費国庫負担の対象に、非常勤講師を含めることが可能になり、国の負担する教員の人件費が、正規の教員分だけでなく、非常勤講師の人件費にも使えることになった。

　　・2004 年（平成 16 年）義務教育費国庫負担制度に、（⑧　　　　　　　　　　　　）の導入

　　地方公共団体は、国から教職員給与費として補助された義務教育費国庫負担金の総額を超えない範囲内であれば、教職員の人数や給与の額などを地方自治体が自由に決定できるようになった。例えば、正規雇用の先生１人分の人件費で非常勤講師を２人雇うなど、地方自治体の裁量で行えるようになった。

　　教職員の定数は、学校数や学級数、児童生徒数に応じて決まる「基礎定数」と、教育上の特別な配慮などが必要なための予算措置で加配する「（⑨　　　　）定数」で成り立っている。少子化に伴い、基礎定数が削減される一方で、加配定数の改善による教職員の増加がある。

　　・国立学校準拠制の廃止

　　2004 年（平成 16 年）国立大学の独立行政法人化によって、教員給与の国立学校準拠制が廃止された。それまでは地方公務員である公立学校の教員の給料の額は、国立大学附属学校の教員の給与額に準じることとされていた。しかし、国立大学の附属学校の教員は国家公務員ではなくなり、各都道府県が自由に給与を決定できることになった。

　　・2006 年（平成 18 年）地方公務員の定員削減

　　地方財政が苦しくなったため、公務員の削減と非正規化によって、人件費を節約することによって、財政の効率化が目指された。

(2) 非正規雇用教員の減少

　　2001 年（平成 13 年）以降、非正規雇用教員の需要が増えたのに、供給数が減り続けて、非正規雇用教員の人材の層が尽きてしまった。

　　その背景として、教員採用選考の倍率低下がある。2000 年代まだ非正規雇用教員の蓄えがあった。1991 年（平成３年）から 10 年間は教員採用数が減少し続け、2000 年（平成 12 年）には教員採用試験の倍率が中学校では 17.9 倍にもなったことで、試験合格を目指し続ける志望者層が形成されていた。しかし、非正規雇用教員の需要が増加した 2001 年以降、大量に採用された世代の教員が定年退職を迎え、2000 年（平成 12 年）を境として教員採用数が増えて採用試験の倍率も下がっていった。　採用数が増えることで、教職を目指す志望者が正規雇用で採用されるようになり、非正規雇用になる層は減少を続けた。そして、2010

年代に入り、この層からの供給も使い果たし、非正規需要が上回って不足が表面化した。

(3)　長時間労働など過酷な勤務状況

　　2013年（平成25年）学校の学習環境と教員の勤務環境に焦点を当てたOECDの国際調査であるTALIS（Teaching and Learning International Survey：国際教員指導環境調査）で、日本の教員は勤務時間が参加国中最長という結果がでたことをきっかけに学校の働き方改革についての議論が進展し、社会問題となった。

　　その背景には、次の2つがある。

　　・学校現場をとりまく課題は複雑化・多様化

　日本の教員は、無限定性、無境界性などと呼ばれ、際限ない仕事をしているという特徴があった。さらに、児童生徒の個別のニーズが多様化しており、教員に求められる役割が拡大している。また、学校は教員以外の専門スタッフが諸外国と比べて少なく、「学校の運営に関わる業務」や「外部対応に関わる業務」といった事務処理業務や「児童生徒の指導に関わる業務」などを、教員が行っている。

　　・非正規雇用教員の不安定な労働条件

　非正規雇用教員は、正規雇用教員と同じ仕事をしているのに、給料が少なく、翌年働けるかわからないなど見通しが立てにくい。

3. 働き方改革

		小学校	中学校
定められている勤務開始・終了時刻		8:15〜16:45	
出勤・退勤時刻の平均	（平均年齢　41.1歳）	7:30〜19:01	7:27〜19:19
1日当たりの学内勤務時間		11時間15分	11時間32分
教員※の1年間当たりの有給休暇の平均取得日数		11.6日	8.8日

◇　通勤時間は教員※の約7割が30分以内
　　※ここでいう「教員」には、校長や副校長・教頭等を含む。

図4　教諭の平均的な勤務の状況

出典：文部科学省　教員勤務実態調査（平成28年度）の分析結果について
https://www.mext.go.jp/component/a_menu/education/detail/__icsFiles/afieldfile/2018/09/27/1409224_001_4.
pdf（2021年5月18日確認）

図4からも教員が長時間勤務していることがわかる。

　このような現状を踏まえ、文部科学省（2019）の働き方改革の取組（「公立学校における働き方改革の推進」）について紹介する。その中で、学校における働き方改革は、特効薬のない総力戦であるため、国・教育委員会・学校それぞれの立場において、取組を着実に推進し、教師が教師でなければできないことに全力投球できる環境整備が必要であるとしている。

(1)　文部科学省の取組

　　〇勤務に係る制度（給特法）改正

　　　（令和元年12月公布、IはR2.4.1施行、IIはR.3.4.1施行）

　　　I　公立学校の教師の勤務時間の上限に関するガイドラインの「指針」への格上げ

　　　II　休日の「まとめ取り」のため、1年単位の変形労働時間制を地方公共団体の判断によ

り条例で選択的に活用可能に

> 上限「指針」の策定（施行日：令和2年4月1日）
> 「超勤4項目」以外の業務を行う時間も含め、教育職員が学校教育活動に関する業務を行っている時間として外形的に把握することができる時間を「在校等時間」と定義
> ＜上限時間＞
> ① 1か月の時間外在校等時間について、45時間以内
> ② 1年間の時間外在校等時間について、360時間以内 等

〇学校や教育委員会からの国への要望を踏まえた各取組の推進

  教職員定数の改善

    ・40年ぶりに小学校の学級編制の標準を現行の40人から（⑩   ）人へ引き下げ

  教科担任制の推進

    ・令和4年度目途に小学校高学年からの（⑪   ）を導入

    ・対象教科、学校規模等に応じた教職員配置の在り方など、専門的・技術的な検討を実施

  外部人材の配置支援

    ・スクール・サポート・スタッフ、学習指導員、部活動指導員等の予算規模の拡充

    ・GIGAスクールサポーターの活用促進

    ・教育行政に係る法務相談体制の整備（地方財政措置）

  部活動の見直し

    ・令和5年度以降の休日の部活動の段階的な地域移行に向けて、令和3年度から全国各地の拠点校（地域）において実践研究を実施し、その成果を全国展開

  教員免許更新制度の検証

    ・教員免許更新制や研修を巡る制度に関して包括的な検証を進め、その結果に基づき、必要な見直しを実施

  ICT環境整備の支援

    ・（⑫   ）スクール構想「1人1台端末環境整備」の前倒しの実現

    ・ICT活用により、教員の表簿・指導要録等の作成業務や授業準備に係る負担軽減等に寄与

  学校向け調査の削減

    ・スクラップ＆ビルドの観点から学校向け調査等の実施について随時精査を実施
     ※国の定期的な調査件数（H19：34件→R1：25件）

    ・統計に必要なデータの電子化・標準化を実施予定

  全国学力・学習状況調査のCBT化

    ・CBT化検討WG「中間まとめ」を踏まえ、さらに個別の論点について検討中

    ・CBT化に向けて、令和3年度から、小規模からの試行・検証を実施予定

〇自治体や学校における改革サイクルの確立

  ・「教育委員会における学校の働き方改革のための取組状況調査」を実施し、全国の各教育委員会の取組状況を可視化、市町村別結果公表

・好事例の全国展開（働き方改革フォーラム開催（R2.1.31）、事例集作成（R2.3、R3.3
　　　　展開予定）等）
　(2)　教育委員会
　　〇勤務時間の客観的な把握の徹底
　　　・（⑬　　　　　　　　　　　　　　　　　）により義務付けられている IC カードやタイム
　　　　カード等の記録による客観的な方法での勤務実態の把握の徹底するための環境整備の
　　　　推進
　　　　実施割合（R2.10.1 時点）：都道府県 91.5％、政令指定都市 85.0％、市区町村
　　　　71.3％
　　〇各取組の推進
　　　・（例）上限指針を踏まえた条例・規則制定、働き方改革の方針策定、学校閉庁日、留守
　　　　番電話設定、外部人材の配置、校務支援システムの導入、調査・統計業務の削減等
　　〇スクラップ＆ビルドを原則とした施策推進
　　〇学校運営協議会制度の導入や（⑭　　　　　　　　　　　　　　　　　　）の整備を推進
　(3)　学校
　　〇業務の見直し・削減
　　　・学校の伝統として続いているが、必ずしも適切といえない又は本来は家庭や地域社会
　　　　が担うべき業務を削減
　　〇地域・保護者等との連携
　　　・（⑮　　　　　　　　　　　　　　　　　　）や地域学校協働活動を活用し、保
　　　　護者や地域住民等との教育目標を共有しながら、適切な役割分担を進める

引用・参考文献

文部科学省　非正規教員の任用状況について
https://www.mext.go.jp/b_menu/shingi/chousa/shotou/084/shiryo/__icsFiles/afield-
　file/2012/06/28/1322908_2.pdf（2021 年 5 月 18 日確認）
文部科学省　教員勤務実態調査（平成 28 年度）の分析結果について
https://www.mext.go.jp/component/a_menu/education/detail/__icsFiles/afield-
　file/2018/09/27/1409224_001_4.pdf（2021 年 5 月 18 日確認）
文部科学省　2019　公立学校における働き方改革の推進
https://www.mext.go.jp/content/20210310-mext_zaimu-100002245_1.pdf（2021 年 5
　月 18 日確認）
文部科学省　2021　「令和の日本型学校教育」を担う教師の養成・採用・研修等の在り方について
　関係資料
https://www.mext.go.jp/content/20210312-mxt_kyoikujinzai01-000013426-3.pdf
（2021 年 5 月 21 日確認）
NHK　2020　NEWS WEB
https://www3.nhk.or.jp/news/html/20200605/k10012459621000.html（2021 年 5 月
　18 日確認）

佐久間亜紀　2019　教師を目指す　佐久間亜紀・佐伯胖編著　現代の教師論　ミネルヴァ書房
　3-13

佐久間亜紀　2019　論座　教員不足3つの理由　教員全体が疲れ切っている
https://webronza.asahi.com/national/articles/2019050600002.html?（2021年5月18
　日確認）

課題　下のグラフは 1,000 人当たりのいじめの認知（発生）率の推移である。このグラフを見て、次の問いについてあなたの考えを自由に論じなさい。

⑴　平成 6 年度、平成 18 年度、平成 25 年度になぜ波線が引かれているか。

⑵　平成 25 年度以降、なぜいじめの認知率が急激にあがっているか。

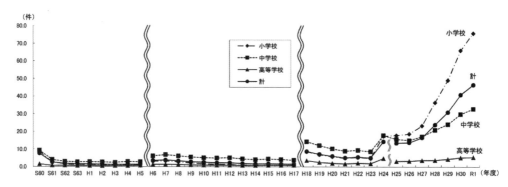

図1　いじめの認知（発生）率の推移（1,000 人当たりの認知件数）

出典：文部科学省（2020）令和元年度 児童生徒の問題行動・不登校等生徒指導上の諸課題に関する調査結果について
https://www.mext.go.jp/content/20201015-mext_jidou02-100002753_01.pdf（2021 年 5 月 14 日確認）

1．いじめ対策のこれまでの経緯

2012 年（平成 24 年）7 月 　滋賀県大津市の事案についての報道

2013 年（平成 25 年）2 月 　教育再生実行会議第 1 次提言「社会総がかりでいじめに対峙して
いくための基本的な理念や体制を整備する法律の制定が必要」

同年 6 月 　「（①　　　　　　　　　　　　　　　　　　　　）」の成立

→6 月 28 日公布、9 月 28 日施行

同年 10 月 　「いじめの防止等のための基本的な方針」の策定

→各都道府県教育委員会→各学校で

「（②　　　　　　　　　　　　　　　　　　　　）」策定

2017 年（平成 29 年）3 月 　「いじめの防止等のための基本的な方針」を改訂

「いじめの重大事態の調査に関するガイドライン」を新たに策定

→各都道府県教育委員会→各学校で「いじめ防止基本方針」策定

いじめ防止対策推進法

第 11 条 　（③　　　　　　　　　　　　　　　）は、関係行政機関の長と連携協力して、いじめの防止
等のための対策を総合的かつ効果的に推進するための基本的な方針を定めるものとする。

第 13 条 　（④　　　　　　　）は、いじめ防止基本方針又は地方いじめ防止基本方針を参酌し、その学
校の実情に応じ、当該学校におけるいじめの防止等のための対策に関する基本的な方針を定め
るものとする。

2．いじめの定義の変遷

⑴　児童生徒の問題行動等生徒指導上の諸問題に関する調査における定義

1986 年度（昭和 61 年度）〜

「いじめ」とは、「自分より弱い者に対して一方的に、身体的・心理的な攻撃を継続的に加え、
相手が深刻な苦痛を感じているものであって、学校としてその事実（関係児童生徒、いじめ
の内容等）を確認しているもの。なお、起こった場所は学校の内外を問わないもの」とする。

1994 年度（平成 6 年度）〜

「いじめ」とは、「自分より弱い者に対して一方的に、身体的・心理的な攻撃を継続的に加え、
相手が深刻な苦痛を感じているもの。なお、起こった場所は学校の内外を問わない。」とする。
なお、個々の行為がいじめに当たるか否かの判断を表面的・形式的に行うことなく、いじめ
られた児童生徒の立場に立って行うこと。

前回の定義との変更点は、「学校としてその事実（関係児童生徒、いじめの内容等）を確認し
ているもの」が削除されていることである。これは、いじめが見えにくいところで発生しており、
児童生徒たちが教師や大人に訴える場合ばかりではないという実態に対応するものである。また、
「個々の行為がいじめに当たるか否かの判断を表面的・形式的に行うことなく、いじめられた児
童生徒の立場に立って行うこと」が新たに追加された。

2006 年度（平成 18 年度）〜

個々の行為が「いじめ」に当たるか否かの判断は、表面的・形式的に行うことなく、いじ

められた児童生徒の立場に立って行うものとする。

「いじめ」とは、「当該児童生徒が、（⑤　　　　　　　　　　　　　　）のある者から、
（⑥　　　　　　　　　　　　　）な攻撃を受けたことにより、（⑦　　　　　　　　　　　）
を感じているもの。」とする。

なお、起こった場所は学校の内外を問わない。

⑧　前回の定義との変更点を考えよう！

(2)　いじめ防止対策推進法における定義

2013年度（平成25年度）～

第2条　この法律において「いじめ」とは、児童等に対して、当該児童等が在籍する学校に
在籍している等当該児童等と一定の人的関係にある他の児童等が行う心理的又は物理的
な影響を与える行為（インターネットを通じて行われるものを含む。）であって、当該行
為の対象となった児童等が（⑨　　　　　　　　　　　　　　　　　　　）をいう。

⑩　前回の定義との変更点を考えよう！

3. いじめの認知

(1) 「国立教育政策研究所生徒指導・進路指導センター　いじめ追跡調査2013-2015」の小中学生への6年間のいじめの追跡調査では、「仲間はずれ、無視、陰口」された経験がある9割、「仲間はずれ、無視、陰口」した経験がある9割である。このことから、いじめはどの学校でもどの子どもでも起こりうることであると捉えることができる。

(2) 図2をみると、「1,000人当たりの都道府県別の認知件数」が、地域により大きな差があることがわかる。この差は、実際にいじめが発生しているという件数の差ではなく、より積極的にいじめを認知しているかどうかの違いである。

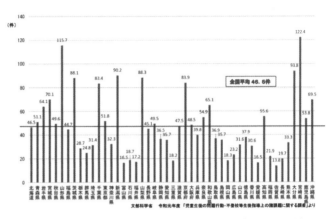

図2　いじめ、1,000人当たりの認知件数（令和元年度）

出典：文部科学省（2020）いじめ問題の対応について
https://www.pref.nagano.lg.jp/kyoiku/kyoiku/shido/documents/1_gyouseisetumei.pdf（2021年5月14日確認）

　このいじめの認知件数について文部科学省は、2015年（平成27年）8月17日付け文部科学省児童生徒課長通知で、「文部科学省としては、いじめの認知件数が多い学校について、『いじめを初期段階のものも含めて積極的に認知し、その解消に向けた取組のスタートラインに立っている』と極めて肯定的に評価する。反対に、いじめの認知件数が零又は僅少である学校については、真にいじめを根絶できている場合も存在するであろうが、解消に向けた対策が何らとられることなく放置されたいじめが多数潜在する場合もあると懸念している」という見解を示している。

(3) 文部科学省はいじめの定義の解釈を明確化するために、次のような具体例を挙げている。
・Aさんはaさんから滑り台の順番を抜かされて悲しい顔をしていることが度々ある。

　ごく初期段階のいじめ

・入学試験が近いにも関わらず、ゲームばかりをしているAさんにBさんは、こんなことでは希望している高等学校に合格できないとゲームを止めるよう繰り返し注意をした。Aさんは、何度も同じことを言われ苦痛になっている。

　好意から行ったが、意図せず相手を傷つけた場合のいじめ

・Aさんは、Bさんに消しゴムをちぎって投げた。Bさんは何度もやめてといったがAさんは繰り返し消しゴムをぶつけ、けらけら笑っていた。

　AさんからBさんへのいじめ　本事案の原因

　ついにBさんは頭にきてAさんを叩いた。
　するとAさんは、「叩いたな」といってBさんを押し倒し、馬乗りになって何度もBさんを叩いた。Bさんは、泣き出してしまった。

　過剰な行動　　　　大きな苦痛

　その後、担任が事情を確認すると、Aさんは、Bさんが最初に殴ったからやり返しただけ

だと主張した。担任は、Aさんの主張のとおり「けんか」と判断した。

> AさんからBさんへの一連のいじめ

4. いじめの「重大事態」

(1) いじめ防止対策推進法

第28条 学校の（⑪　　　　　　　）又はその設置する（⑫　　　　　　）は、次に掲げる場合には、その事態（以下「（⑬　　　　　　　　）」という。）に対処し、及び当該重大事態と同種の事態の発生の防止に資するため、速やかに、当該学校の設置者又はその設置する学校の下に組織を設け、質問票の使用その他の適切な方法により当該重大事態に係る事実関係を明確にするための調査を行うものとする。

一　いじめにより当該学校に在籍する児童等の生命、心身又は財産に重大な被害が生じた疑いがあると認めるとき。

二　いじめにより当該学校に在籍する児童等が相当の期間学校を欠席することを余儀なくされている疑いがあると認めるとき。

2　学校の設置者又はその設置する学校は、前項の規定による調査を行ったときは、当該調査に係るいじめを受けた児童等及びその保護者に対し、当該調査に係る重大事態の事実関係等その他の必要な情報を適切に提供するものとする。

(2) いじめの重大事態の発生件数

図3のとおり、重大事態の発生件数は723件（前年度602件）。そのうち、1号重態事態（上記の「いじめにより当該学校に在籍する児童等の生命、心身又は財産に重大な被害が生じた疑いがあると認めるとき」）は301件（前年度270件）、2号重態事態（いじめにより当該学校に在籍する児童等が相当の期間学校を欠席することを余儀なくされている疑いがあると認めるとき）は517件（前年度420件）で、2015年（平成27年）以降発生件数が増加している。

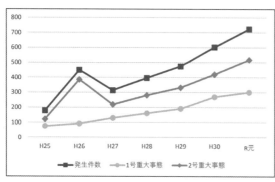

	小学校	中学校	高等学校	特別支援学校	合計
重大事態発生校数（校）	242	297	111	6	656
重大事態発生件数（件）	259	334	124	6	723
うち、第1号	99	137	61	4	301
うち、第2号	196	233	86	2	517

※ いじめ防止対策推進法第28条第1項において，学校の設置者又は学校は，重大事態に対処するために調査を行うものとすると規定されており，当該調査を行った件数を把握したもの。
※ 同法第28条第1項に規定する「重大事態」とは，第1号「いじめにより当該学校に在籍する児童等の生命，心身又は財産に重大な被害が生じた疑いがあると認めるとき」，第2号「いじめにより当該学校に在籍する児童等が相当の期間学校を欠席することを余儀なくされている疑いがあると認めるとき」である。
※ 1件の重大事態が第1号及び第2号の両方に該当する場合は，それぞれの項目に計上されている。

図3　いじめ防止対策推進法第28条第1項に規定する「重大事態」の発生件数

出典：文部科学省（2020）令和元年度　児童生徒の問題行動・不登校等生徒指導上の諸課題に関する調査結果の概要
https://www.mext.go.jp/kaigisiryo/content/20201204-mxt_syoto02-000011235_2-1.pdf（2021年5月14日確認）

5. いじめの組織的対応

文部科学省は、いじめ問題の組織的な対応について図4のように示している。

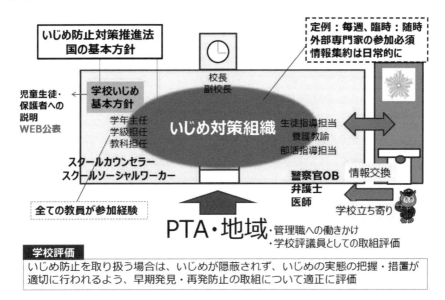

図4　組織的に対応する学校（イメージ」）

出典：文部科学省（2020）いじめ問題の対応について
https://www.pref.nagano.lg.jp/kyoiku/kyoiku/shido/documents/1_gyouseisetumei.pdf（2021年5月14日確認）

6. 不登校の定義

文部科学省の調査では、「不登校児童生徒」とは「何らかの心理的、情緒的、身体的あるいは社会的要因・背景により、登校しないあるいはしたくともできない状況にあるために年間（⑭　　　　　）日以上欠席した者のうち、病気や経済的な理由による者を除いたもの」としている。

7. 不登校の推移

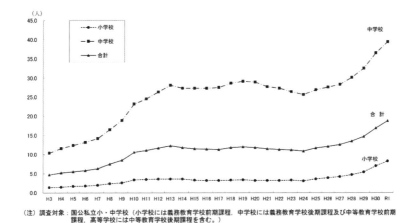

（注）調査対象：国公私立小・中学校（小学校には義務教育学校前期課程，中学校には義務教育学校後期課程及び中等教育学校前期課程，高等学校には中等教育学校後期課程を含む。）

図5　不登校児童生徒の割合の推移（1,000人当たりの不登校児童生徒数）

出典：文部科学省（2020）令和元年度 児童生徒の問題行動・不登校等生徒指導上の諸課題に関する調査結果について
https://www.mext.go.jp/content/20201015-mext_jidou02-100002753_01.pdf（2021年5月14日確認）

図5からもわかるように小学校も中学校も2012年度（平成24年度）以降上昇傾向にある。

文部科学省（2020）「令和元年度 児童生徒の問題行動・不登校等生徒指導上の諸課題に関する調査結果及びこれを踏まえた対応の充実について（通知）」では、「不登校児童生徒への支援の充実について」次のように述べている。

今回の調査結果によると、小・中学校の在籍児童生徒数が減少しているにもかかわらず、不登校児童生徒数は7年連続で増加し、55.6%の不登校児童生徒が90日以上欠席しているなど、憂慮すべき状況にある。各学校及び教育委員会等にあっては、効果的な不登校支援につなげるためにも、個々の不登校児童生徒の不登校のきっかけや継続理由についての的確な把握に努めるとともに、不登校が増加している要因についても分析に努めること。

また、こうした状況の下、平成28年12月には、不登校児童生徒への支援について初めて体系的に定めた「義務教育の段階における普通教育に相当する教育の機会の確保等に関する法律」が成立、平成29年2月より施行され、同年3月、同法に基づく基本指針を策定した。さらに、平成30年12月から同法附則に基づき、有識者会議において法の施行状況についての検討を行い、令和元年6月、その議論をとりまとめた。

学校や教育委員会等は、不登校児童生徒への支援に当たり、同法及び基本指針等に基づき、（⑮　　　　　　　　　　）より良い学校づくりや児童生徒の学習状況等に応じた指導・配慮を実施すること。また、児童生徒の（⑯　　　　　　　　　　）を目指して、組織的・計画的な支援や民間の団体との連携による支援を実施するほか、（⑰　　　　　　　　　　　　　　）、（⑱　　　　　　　　　　　　　　　　）、関係機関との連携による教育相談体制を充実するなど、個々の不登校児童生徒の状況に応じた必要な支援を推進すること。なお、不登校は、取り巻く環境によっては、どの児童生徒にも起こり得るものとして捉え、不登校というだけで問題行動であると受け取られないよう配慮し、支援に当たっては、不登校児童生徒の意思を十分に尊重しつつ行うこと。

8．教育機会確保法

「義務教育の段階における普通教育に相当する教育の機会の確保等に関する法律」（教育機会確保法）第2条では、不登校児童生徒について「相当の期間学校を欠席する児童生徒であって、学校における集団の生活に関する心理的な負担その他の事由のために就学が困難である状況として（⑲　　　　　　　　　　）が定める状況にあると認められるものをいう」と定義している。

教育機会確保法第8条〜第13条では、不登校児童生徒等に対する教育機会の確保等について、国及び（⑳　　　　　　　　　　）は、以下の措置を講じ、又は講ずるよう努めるとしている。

・全児童生徒に対する学校における取組への支援に必要な措置
・教職員、心理・福祉等の専門家等の関係者間での情報の共有の促進等に必要な措置
・不登校特例校及び教育支援センターの整備並びにそれらにおける教育の充実等に必要な措置
・学校以外の場における不登校児童生徒の学習活動、その心身の状況等の継続的な把握に必要な措置
・学校以外の場での多様で適切な学習活動の重要性に鑑み、個々の休養の必要性を踏まえ、不登校児童生徒等に対する情報の提供等の支援に必要な措置

教育機会確保法第14条・第15条では、(㉑　　　　　)等において授業を行う学校における就学の機会の提供等について、地方公共団体は、夜間等において授業を行う学校における就学の機会の提供等を講ずるように定めている。

引用・参考文献

文部科学省ホームページ　いじめ定義の変遷
https://www.mext.go.jp/component/a_menu/education/detail/__icsFiles/afield-file/2019/06/26/1400030_003.pdf (2021年5月14日確認)
文部科学省　2020　いじめ問題の対応について
https://www.pref.nagano.lg.jp/kyoiku/kyoiku/shido/documents/1_gyouseisetumei.pdf (2021年5月14日確認)
文部科学省　2020　令和元年度　児童生徒の問題行動・不登校等生徒指導上の諸課題に関する調査結果及びこれを踏まえた対応の充実について（通知）
https://www.mext.go.jp/a_menu/shotou/seitoshidou/1422178_00001.htm (2021年5月14日確認)
出典：文部科学省　2020　令和元年度　児童生徒の問題行動・不登校等生徒指導上の諸課題に関する調査結果の概要
https://www.mext.go.jp/kaigisiryo/content/20201204-mxt_syoto02-000011235_2-1.pdf (2021年5月14日確認)

課題　肢体不自由特別支援学級に在籍する中学生が、県立高等学校の普通科を希望した。生徒の進路保障をするために中学校（または担任）としてどのように取り組むことが必要か。あなたの考えを自由に論じなさい。

肢体不自由については様々な定義がある。文部科学省の教育支援資料では、次のように定義している。

「肢体不自由とは、身体の動きに関する器官が、病気やけがで損なわれ、歩行や筆記などの日常生活動作が困難な状態をいう。肢体不自由の程度は、一人一人異なっているため、その把握に当たっては、学習上又は生活上どのような困難があるのか、それは補助的手段の活用によってどの程度軽減されるのか、といった観点から行うことが必要である。」

1．特別支援教育に関する動向

1947 年（昭和 22 年）：学校教育法制定

（盲・聾・養護学校、小・中学校の特殊学級→ 制度化）

1948 年（昭和 23 年）：盲・聾学校就学義務化

1979 年（昭和 54 年）：養護学校就学義務化

1993 年（平成 5 年）：（①　　　　　　　　　　　　　　）制度化

2002 年（平成 14 年）：就学制度改正（「認定就学」制度化等）

（2002 年学校教育法施行令改正）

2005 年（平成 17 年）：「（②　　　　　　　　　　　　　　　　）」施行

これまで既存の障害者福祉制度の谷間に置かれ、その気付きや対応が遅れがちであった自閉症・アスペルガー症候群、LD（学習障害）、ADHD（注意欠陥多動性障害）などを「発達障害」と総称して、それぞれの障害特性やライフステージに応じた支援を国・自治体・国民の責務として定めた法律

2006 年（平成 18 年）：LD、ADHD も通級の対象（併せて自閉症を明記）

2006 年（平成 18 年）：「（③　　　　　　　　　　　　　　　　　　）」

国連総会で採択

・障害者の人権・基本的自由の享有を確保し、障害者の固有の尊厳の尊重を促進するため、障害者の権利を実現するための措置等を規定

・（④　　　　　　　　　　　　　　　　　　　　　）の
理念、（⑤　　　　　　　　　　　）の提供

インクルーシブ教育システム：人間の多様性の尊重等の強化、障害者が精神的及び身体的な機能等を最大限度まで発達させ、自由な社会に効果的に参加することを可能とするとの目的の下、障害のある者と障害のない者が共に学ぶ仕組みであり、障害のある者が一般的な教育制度から排除されないこと、自己の生活する地域において初等中等教育の機会が与えられること、個人に必要な「合理的配慮」が提供される等が必要とされている。

合理的配慮：障害者から現に社会的障壁の除去を必要としている旨の意思の表明があった場合において、その実施に伴う負担が過重でないときは、社会的障壁の除去の実施について必要かつ合理的な配慮をするように努めなければならない。

2007 年（平成 19 年）：「障害者の権利に関する条約」署名

同年：特別支援教育の本格的実施。（学校教育法等改正）

「特殊教育」から「（⑥　　　　　　　　　　　）」へ

→特別な場で教育を行う「特殊教育」から、一人一人のニーズに応じた適切な指導及び必要な支援を行う「特別支援教育」に発展的に転換
盲・聾・養護学校から特別支援学校、特別支援学校のセンター的機能、
小中学校等における特別支援教育　など

2009 年（平成 21 年）：特別支援学級の対象に自閉症を明記

2011 年（平成 23 年）：障害者基本法改正（障害者権利条約対応）

・十分な教育が受けられるようにするため可能な限り共に教育を受けられるよう配慮しつつ教育の内容及び方法の改善及び充実
・本人・保護者の意向を可能な限り尊重
・交流及び共同学習の積極的推進　など

2012年（平成24年）：「共生社会の形成に向けたインクルーシブ教育システムの構築のための特別支援教育の推進」（中央教育審議会初等中等教育分科会報告）
・就学相談・就学先決定の在り方
・合理的配慮、基礎的環境整備
・多様な学びの場の整備、学校間連携、交流及び共同学習等の推進
・教職員の専門性向上　など

・共生社会の形成に向けて、「障害者の権利に関する条約」に基づくインクルーシブ教育システムの理念が重要であり、その構築のため、（⑦　　　　　　　　　　　　　　　）を着実に進めていく必要があると考える。
・インクルーシブ教育システムにおいては、同じ場で共に学ぶことを追求するとともに、個別の教育的ニーズのある幼児児童生徒に対して、自立と社会参加を見据えて、その時点で教育的ニーズに最も的確に応える指導を提供できる、多様で柔軟な仕組みを整備することが必要である。小中学校における通常の学級、（⑧　　　　）による指導、特別支援学級、特別支援学校といった、連続性のある「多様な学びの場」を用意しておくことが必要である。
・基本的な方向性としては、障害のある子どもと障害のない子どもが、できるだけ同じ場で共に学ぶことを目指すべきである。その場合には、それぞれの子どもが、授業内容が分かり学習活動に参加している実感・達成感を持ちながら、充実した時間を過ごしつつ、（⑨　　　　　　　　）を身につけていけるかどうか、これが最も本質的な視点であり、そのための（⑩　　　　　　　）が必要である。

2013年（平成25年）：就学制度改正（2013年学校教育法施行令改正）
・「認定就学」制度の廃止、総合的判断（本人・保護者の意向を可能な限り尊重）、柔軟な転学　など
2014年（平成26年）：「障害者の権利に関する条約」批准

文部科学省所管事業分野における障害を理由とする差別の解消の推進に関する対応方針（2015）
高等学校入学者選抜における障害のある生徒への配慮について
〇不当な差別的取扱いに当たり得る具体例
・学校への入学の出願の受理、受検、入学、授業等の受講や研究指導、実習等校外教育活動、入寮、式典参加を拒むことや、これらを拒まない代わりとして正当な理由のない条件を付すこと。
・試験等において合理的配慮の提供を受けたことを理由に、当該試験等の結果を学習評価の対象から除外したり、評価において差を付けたりすること。
〇合理的配慮に当たり得る配慮の具体例
・入学試験や検定試験において、本人・保護者の希望、障害の状況等を踏まえ、別室での受験、試験時間の延長、点字や拡大文字、音声読み上げ機能の使用等を許可すること。

2016年（平成28年）：「障害を理由とする差別の解消の推進に関する法律」

（⑪　　　　　　　　　　　　　　　　　　　　　　）施行

・差別の禁止、合理的配慮提供の法的義務　など

2016年（平成28年）：改正「発達障害者支援法」施行

・可能な限り発達障害児が発達障害児でない児童と共に教育を受けられ
るよう配慮しつつ、適切な教育的支援実施

・（⑫　　　　　　　　　　　　　　　　　　　　　　　　）の作成及び

（⑬　　　　　　　　　　　　　　　　）の作成の推進　など

2018年（平成30年）：（⑭　　　　　　　　）等における通級による指導の制度化

（2016年学校教育法施行規則等改正）

2018年（平成30年）：「個別の教育支援計画」の作成について省令に規定

（学校教育法施行規則改正）

・特別支援学校に在学する幼児児童生徒の個別の教育支援計画を作成す
る

・特別支援学級の児童生徒及び小・中学校、高等学校で通級による指導
を受けている児童生徒について準用する

※小中学校の学習指導要領においても、特別支援学級や通級による指
導を受けている児童生徒に対して、個別の教育支援計画と個別の指
導計画を作成する

> 個別の教育支援計画：家庭、地域、医療、福祉、保健等の業務を行う関係機関との連携を図り、長期
> 的な視点で教育的支援を行うための計画。願い、障害による困難な状況、支援の内容、生育歴、相談
> 歴など、子供に関する事項について、本人・保護者も含めた関係者で情報共有するためのツール。
> 個別の指導計画：一人一人の教育的ニーズに応じた指導目標、指導内容、指導方法等をまとめた
> 計画。

2．特別支援教育の制度

⑴　特別支援教育とは

障害のある幼児児童生徒の自立や社会参加に向けた主体的な取組を支援するという視点に
立ち、幼児児童生徒一人一人の教育的ニーズを把握し、その持てる力を高め、生活や学習上
の困難を改善又は克服するため、適切な指導及び必要な支援を行うもの。

2007年（平成19年）から、「特別支援教育」が学校教育法に位置づけられ、すべての学校
において、障害のある幼児児童生徒の支援をさらに充実していくこととなった。

⑵　特別支援学校

障害の程度が比較的重い子供を対象として教育を行う学校。公立特別支援学校（小・中学
部）の1学級の標準は（⑮　　）人（重複障害の場合3人）。

対象障害種は、視覚障害、聴覚障害、知的障害、肢体不自由、病弱（身体虚弱を含む）。図1
にあるとおり、2007年（平成19年4月）から、児童生徒等の障害の重複化等に対応した適
切な教育を行うため、従来の盲・聾・養護学校の制度から複数の障害種別を対象とするこ

ができる特別支援学校の制度に転換した。

　特別支援学校の在籍者数の推移は図2のとおりである。

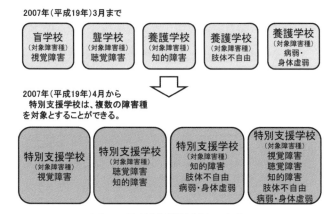

図1　特別支援学校制度の転換

出典：文部科学省　パンフレット「特別支援教育」をもとに筆者が作成
https://www.mext.go.jp/a_menu/shotou/tokubetu/main/__
icsFiles/afieldfile/2015/10/06/1243505_002.pdf（2021 年 5 月
15 日確認）

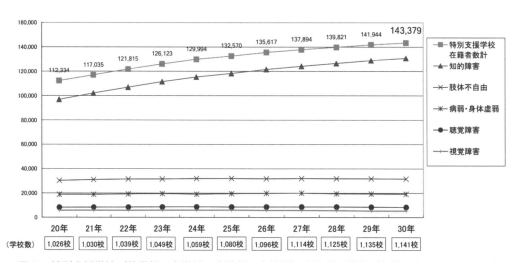

図2　特別支援学校（幼稚部・小学部・中学部・高等部）在籍者の推移（各学年度 5 月 1 日現在）

出典：文部科学省（2019）日本の特別支援教育の状況について
https://www.mext.go.jp/content/20200109-mxt_tokubetu01-00070_3_1_1.pdf（2021 年 5 月 15 日確認）

(3) 特別支援学級

　　障害のある子供のために小・中学校に障害の種別ごとに置かれる少人数の学級（（⑯　　　）
　人を標準（公立））。知的障害、肢体不自由、病弱・身体虚弱、弱視、難聴、言語障害、自閉症・情
　緒障害の学級（制度上は、学校教育法第81条により小学校、中学校、義務教育学校、高等学校
　及び中等教育学校には特別支援学級を置くことができるが、高等学校等では実際に設置されて
　いる例は見受けられない。）がある。特別支援学級在籍者の推移は図3のとおりである。

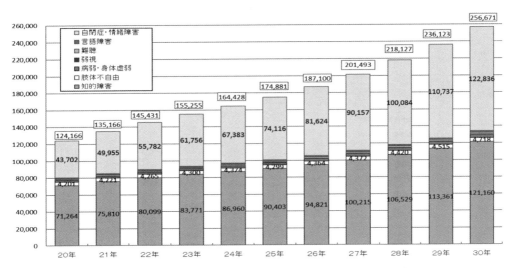

図3　特別支援学級在籍者の推移（各学年度5月1日現在）

出典：文部科学省（2019）日本の特別支援教育の状況について
https://www.mext.go.jp/content/20200109-mxt_tokubetu01-00070_3_1_1.pdf（2021年5月15日確認）

⑷　通級による指導

　　小学校、中学校、高等学校等の通常の学級に在籍する障害のある児童生徒に対して、ほとんどの授業（主として各教科などの指導）を通常の学級で行いながら、週に１単位時間〜８単位時間（LD、ADHD は月１単位時間から週８単位時間）程度、障害に基づく種々の困難の改善・克服に必要な特別の指導を特別の場で行う教育形態。対象とする障害種は言語障害、自閉症、情緒障害、弱視、難聴、LD（学習障害）、ADHD（注意欠陥多動性障害）、肢体不自由及び病弱・身体虚弱。通級による指導を受けている児童生徒数の推移は図４のとおりである。

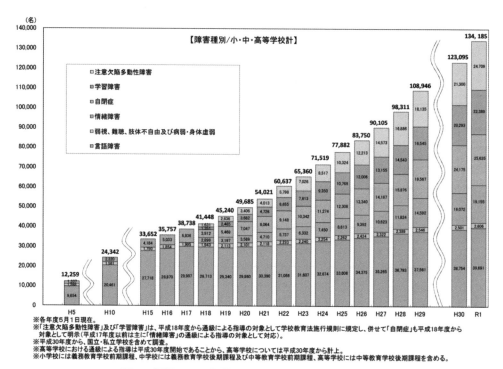

図４　通級による指導を受けている児童生徒数の推移

出典：文部科学省（2020）特別支援教育資料（令和元年度）
https://www.mext.go.jp/content/20200916-mxt_tokubetu02-000009987_03.pdf（2021年7月16日確認）

⑸　通常の学級

　　小学校、中学校、高等学校等にも障害のある児童生徒が在籍しており、個々の障害に配慮しつつ通常の教育課程に基づく指導を行っている。なお、小学校、中学校における通常の学級では、発達障害（LD、ADHD、高機能自閉症等）の可能性のある児童生徒が 6.5％程度在籍している。（平成24年文部科学省の調査において、学級担任を含む複数の教員により判断された回答に基づくものであり、医師の診断によるものでない点に留意）

３．特別支援教育の現状

　特別支援教育は、発達障害のある子供も含めて、障害により特別な支援を必要とする子供が在籍する全ての学校において実施されるものである。

　障害のある児童生徒については、障害の状態に応じて、その可能性を最大限に伸ばし、自立と

社会参加に必要な力を培うため、一人一人の教育的ニーズを把握し、適切な指導及び必要な支援を行う必要がある。

　このため、障害の状態等に応じ、特別支援学校や小・中学校の 特別支援学級、通級による指導等において、特別の教育課程、少人数の学級編制、特別な配慮の下に作成された教科書、専門的な知識・経験のある教職員、障害に配慮した施設・設備などを活用した指導や支援が行われている。

　また、特別支援教員の専門性の向上を図ることが大切であるが、特別支援学校教員の特別支援学校教諭免許状の保有率は83.0%（本来保有しなければならないもの）、特別支援学級教員の特別支援学校教諭免許状の保有率は30.9%（専門性の観点から保有が望ましいもの）となっている。（令和元年度文部科学省の調べ）

引用・参考文献

文部科学省　2013　教育支援資料〜障害のある子供の就学手続と早期からの一貫した支援の充実〜
https://www.mext.go.jp/component/a_menu/education/micro_detail/__icsFiles/afieldfile/2014/06/13/1340247_09.pdf（2021年5月15日確認）

文部科学省　パンフレット「特別支援教育」
https://www.mext.go.jp/a_menu/shotou/tokubetu/main/__icsFiles/afieldfile/2015/10/06/1243505_002.pdf（2021年5月15日確認）

文部科学省　2015　文部科学省所管事業分野における障害を理由とする差別の解消の推進に関する対応指針
https://www.mext.go.jp/component/a_menu/education/micro_detail/__icsFiles/afieldfile/2019/04/11/1339465_0100.pdf（2021年5月15日確認）

文部科学省　特別支援教育に関する基礎資料
https://www.mext.go.jp/component/a_menu/education/micro_detail/__icsFiles/afieldfile/2017/10/30/1397004-14-1_1.pdf（2021年5月15日確認）

文部科学省　2019　日本の特別支援教育の状況について
https://www.mext.go.jp/content/20200109-mxt_tokubetu01-00070_3_1_1.pdf（2021年5月15日確認）

文部科学省　2020　特別支援教育資料
https://www.mext.go.jp/content/20200916-mxt_tokubetu02-000009987_03.pdf（2021年7月16日確認）

課題　図１から読み取れる内容を説明し、それについてあなたの考えを自由に論じなさい。

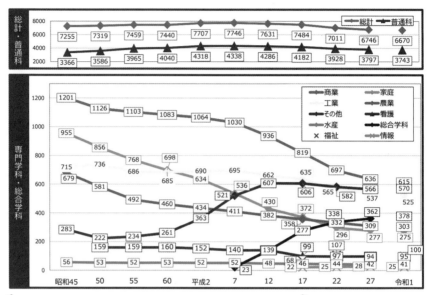

※全日制・定時制課程を置く学校数の計。
※一つの学校が２つ以上の学科を持つ場合は、それぞれの学科について、重複して計上。
※「その他」の学科は、専門教育を主とする学科のうち農業、家庭、福祉、看護、水産、情報
に関する学科以外の学科（理数、体育、音楽、美術、外国語、国際関係など）の合計。

図1　高等学校の学科数（学科別）推移

出典：文部科学省（2020）学校基本調査　高等学校教育の現状について
https://www.mext.go.jp/a_menu/shotou/kaikaku/20201027-mxt_kouhou02-1.pdf（2021年5月16日確認）

> （①　　　　　　　　　　　　　　）第52条には、「高等学校の学科及び教育課程に関する事項は、
> （②　　　　　　　　　　　　　　　）が定める」としている。

(1) 高等学校の課程

　　学校教育法第53条　高等学校には、全日制の課
　　　程のほか、定時制の課程を置くことができる。
　　　２　高等学校には、定時制の課程のみを置くこと
　　　　ができる。
　　学校教育法第54条　高等学校には、全日制の課
　　　程又は定時制の課程のほか、通信制の課程を置
　　　くことができる。
　　　２　高等学校には、通信制の課程のみを置くこと
　　　　ができる。
　　（③　　　　　　　　　　）：通常の時間帯において授業を
　　行う課程
　　（④　　　　　　　　　　）：夜間その他特別の時間又は時
　　期において授業を行う課程
　　（⑤　　　　　　　　　　）：通信による教育を行う課程
　　図２にあるとおり、高等学校の課程別学校数（令

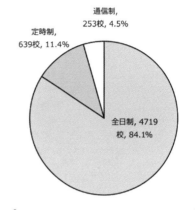

※一つの学校に課程が併置されている場合は、それぞれの
　課程について、重複して計上。

図２　課程別学校数内訳（令和元年度）

出典：文部科学省（2020）学校基本調査　高
等学校教育の現状について
https://www.mext.go.jp/a_menu/shotou/
kaikaku/20201027-mxt_kouhou02-1.pdf
（2021年5月16日確認）

和元年度）の内訳は、全日制高校は4,719校（全体の84.1%）、定時制高校は639校（全体
の11.4%）、通信制高校は253校（全体の4.5%）である。

(2) 高等学校の学科

　　一定の教育目標を達成するために、各教科・科目を一つのまとまった教育内容を持つよう
　系統化を図ったもの。教育課程を編成する上で、また生徒が履修する上でのまとまりとなる
　もの。高等学校の学科は大きく次の3つに区分される。（高等学校設置基準第5条・第6条）
　　（⑥　　　　　　　　　　）：普通教育を主とする学科
　　（⑦　　　　　　　　　　）：専門教育を主とする学科
　　　※農業科、工業科、商業科、水産科、家庭科、看護科、情報科、福祉科、理数科、体育科、
　　　音楽科、美術科、外国語科、国際関係科、その他専門教育を施す学科
　　（⑧　　　　　　　　　　）：普通教育及び専門教育を選択履修を旨として総合的に施す学科
　　図３にあるとおり、高等学校の学科別学校数（令和元年度）の内訳は、普通科は、3,743校
（全体の56.1%）、専門教育を主とする学科は2,549校（全体の38.2%）、総合学科は378
校（全体の5.7%）である。

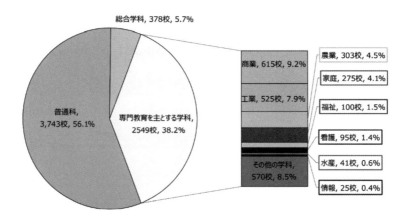

※全日制・定時制課程を置く学校数の計。
※一つの学校が2つ以上の学科を持つ場合は、それぞれの学科について、重複して計上。
※「その他」の学科は、専門教育を主とする学科のうち農業、家庭、福祉、看護、水産、情報に関する学科以外の学科（理数、体育、音楽、美術、外国語、国際関係など）の合計。

図3　学科別学校数内訳（令和元年度）

出典：文部科学省（2020）学校基本調査　高等学校教育の現状について
https://www.mext.go.jp/a_menu/shotou/kaikaku/20201027-mxt_kouhou02-1.pdf（2021年5月16日確認）

2．高等学校等への進学率

　図4にあるとおり、教育は戦後の学制改革以来、著しい量的拡大と発展を遂げてきた。とりわけ、高校進学率の上昇に象徴される後期中等教育の発展・充実には目を見張るものがある。1950年（昭和25年）は、（⑨　　　　　）％であった進学率は、我が国の経済発展に伴い上昇し、1974年（昭和49年）には（⑩　　　　　）％、2019年（令和元年）には（⑪　　　　　）％に及んでいる。また、通信制を入れると98.8％の進学率になる。

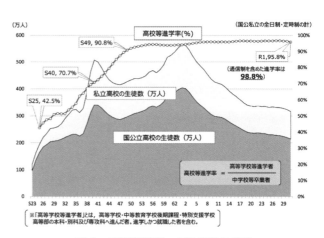

図4　高等学校等への進学率の推移

出典：文部科学省（2020）学校基本調査　高等学校教育の現状について
https://www.mext.go.jp/a_menu/shotou/kaikaku/20201027-mxt_kouhou02-1.pdf（2021年5月16日確認）

　こうした中、入学する生徒の適正・能力、興味・関心の多様化は著しく、高校教育は従来の枠組みでは対応しきれなくなり、後期中等教育はその抜本的な改革が迫られることになる。

3．高校教育改革「中央教育審議会四十六年答申」

　高校教育改革は、1971年（昭和46年）の中央教育審議会答申がスタートとされているが、その口火は1966年（昭和41年）の中央教育審議会答申「後期中等教育の拡充整備」にある。ここ

では、「高校教育の多様化路線」が示され、以降「多様化」をキーワードとする基本理念は、その後の答申に継承されていく。また、高校教育の制度と内容の多様化と個性化とともに、戦後一貫して続いてきた6－3－3制度を見直す提言も行っている。

　中央教育審議会は、1971年（昭和46年）「今後における学校教育の総合的な拡充整備のための基本的施策について」を答申した。この答申は、明治初年と第二次大戦後に行われた教育改革に次ぐ「（⑫　　　　　　　　　　　　　　）」と位置付け、学校教育全般にわたる包括的な改革整備の施策を提言している。

　答申の背景としては、一つには、社会の急速な進展と変化が学校教育に多くの新しい課題を投げ掛けていたことであり、もう一つは、高等学校及び大学への進学率の上昇やベビーブーム世代の到来による急速な量的拡充が教育の多様化を要請し、学校教育の在り方の見直しが求められるようになったことである。

　文部省では、中央教育審議会の四十六年答申を受けて、直ちに諸課題を実施に移すべく教育改革推進本部を設けた。しかし、一方ではこの四十六年答申に対しては、先導的試行や高等教育の種別化などについては、関係者の合意が得られていない状況だったことから、改革が進捗しない面が生じた。

　しかしながら、それ以外の拡充方策や教育の質の改善に関連する事項については、昭和40年代後半から昭和50年代の文教行政において、各種審議会や関係方面の意見を踏まえ、実現可能な機会をとらえて、数多く実施に移された。

　その中で、高等教育については、高等教育懇談会の設置（昭和47年）による高等教育計画の策定（昭和51年以降）、高等教育制度の多様化・弾力化のための制度の整備（単位互換制度、設置基準の制定・改正など）がある。また、昭和60年代以降においても、四十六年答申は、臨時教育審議会など各種審議会の提言やそれを受けた教育改革の実施に直接間接に影響を及ぼしていることが少なくない。例えば臨時教育審議会の提言を受けた初任者研修制度の実施（平成元年以降）なども、四十六年答申以来、各種の審議会等で提案されたものが実現を見たものである。

4．近年の教育改革

(1)　近年の主な制度改革

　　　1988年（昭和63年）：単位制高等学校の導入（定時制・通信制）

　　　1989年（平成 元 年）：定時制・通信制高校の修業年限の弾力化（4年以上→3年以上）

　　　1993年（平成 5 年）：単位制高等学校の全日制への拡大

　　　　　　　　　　　　　学校間連携、学校外学修（専修学校、技能審査）の単位認定の導入

　　　1994年（平成 6 年）：総合学科の導入

　　　1998年（平成10年）：学校外学修の単位認定対象範囲の拡大

　　　　　　　　　　　　　（大学、高専、ボランティア 等）

　　　1999年（平成11年）：中高一貫教育制度の導入

　　　2005年（平成17年）：学校外学修等の認定可能単位数の拡大（20→36単位）

　　　2010年（平成22年）：外国の高等学校における履修単位の認定可能単位数の拡大

　　　　　　　　　　　　　（30→36単位）

　　　2012年（平成24年）：中高一貫教育校に係る教育課程の基準の特例を拡充

（中学校段階における指導内容の移行、高等学校段階（普通科）に
おける「学校設定教科・科目」の単位数上限の緩和（20→36単
位まで））

2015年（平成27年）：全日制・定時制課程の高等学校で遠隔教育の制度化

高等学校専攻科修了者の大学への編入学制度の創設

(2) 単位制高等学校

単位制高等学校は、学年による教育課程の区分を設けず、決められた単位を修得すれば卒
業が認められる高等学校である。1988年度（昭和63年度）から定時制・通信制課程にお
いて導入され、1993年度（平成5年度）からは全日制課程においても設置が可能となって
いる。

単位制高校の特色としては、「自分の学習計画に基づいて、自分の興味、関心等に応じた科
目を選択し学習できること」「学年の区分がなく、自
分のペースで学習に取り組むことができること」な
どが挙げられる。

図5にあるとおり、単位制高等学校数が増えてい
ることがわかる。

(3) 総合学科

総合学科は、普通教育を主とする学科である「普
通科」、専門教育を主とする学科である「専門学科」
に並ぶものとして、1994年（平成6年度）から導
入されたものである。

総合学科で行われる教育の特色として、「幅広い
選択科目の中から生徒が自分で科目を選択し学ぶ
ことが可能であり、生徒の個性を生かした主体的な
学習を重視すること」「将来の職業選択を視野に入
れた自己の進路への自覚を深めさせる学習を重視
すること」などが挙げられる。

図6にあるとおり、総合学科は公立が大多数を占
める。

(4) 中高一貫教育

従来の中学校・高等学校の制度に加えて、生徒や
保護者が6年間の一貫した教育課程や学習環境の
下で学ぶ機会をも選択できるようにすることによ
り、中等教育の一層の多様化を推進し、生徒一人一
人の個性をより重視した教育の実現を目指すもの
として、「学校教育法等の一部を改正する法律」が
1998年（平成10年）に成立し、1999年（平成
11年）4月より中高一貫教育を選択的に導入する
ことが可能となった。

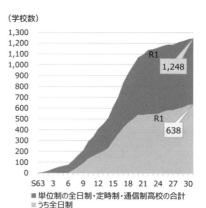

図5　単位制高等学校数の推移

出典：文部科学省（2020）学校基本調査
高等学校教育の現状について
https://www.mext.go.jp/a_menu/
shotou/kaikaku/20201027-mxt_
kouhou02-1.pdf（2021年5月16日確認）

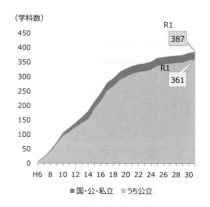

図6　総合学科数の推移

出典：文部科学省（2020）学校基本調査
高等学校教育の現状について
https://www.mext.go.jp/a_menu/
shotou/kaikaku/20201027-mxt_
kouhou02-1.pdf（2021年5月16日確認）

- 中等教育学校：新しい学校種として設けられ、一つの学校として、一体的に中高一貫教育を行うもの
- 併設型の中学校・高等学校：高等学校入学者選抜を行わずに、同一の設置者による中学校と高等学校を接続するもの
- 連携型の中学校・高等学校：市町村立中学校と都道府県立高等学校など、異なる設置者間でも実施可能な形態であり、中学校と高等学校が、教育課程の編成や教員・生徒間交流等の連携を深めるかたちで中高一貫教育を実施するもの

図7のとおり、私立の併設型が最も多い。

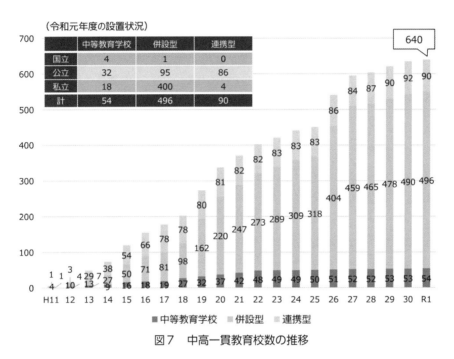

（令和元年度の設置状況）

	中等教育学校	併設型	連携型
国立	4	1	0
公立	32	95	86
私立	18	400	4
計	54	496	90

■中等教育学校　■併設型　■連携型

図7　中高一貫教育校数の推移

出典：文部科学省（2020）学校基本調査　高等学校教育の現状について
https://www.mext.go.jp/a_menu/shotou/kaikaku/20201027-mxt_kouhou02-1.pdf（2021年5月16日確認）

5．私学行政の仕組み

(1)　私立学校とは

　　高等学校における私立高校の割合は、1970年（昭和45年）以降25.6％前後で推移し、2019年（令和元年）は、27.1％を占めている。私立と公立の割合は地域によっても違い、東京都では、2018年（平成30年）の私立高校の割合は約55％と全国で唯一私立高校数が公立高校数を上回っている。このように、私立学校は学校教育の発展に大きく貢献していることがわかる。今後国際化・高度情報化する社会の中で、建学の精神に基づく個性豊かな教育活動を展開し、学校教育の発展にますます重要な役割を果たすことが期待される。

　　学校教育法第2条では、学校は、国（国立大学法人）、地方公共団体（公立大学法人を含む）及び（学校法人の設置する）私立学校のみ学校の設置を認めている。従って、私立学校を作るには、最初に設置者として学校法人をつくらなければならない。そこで、基本的には創設者が

志の高い教育への想い（建学の精神）を実現するために、私財を投げ打って私立学校は創設される。学校には必要な土地・建物・設備・人員等が法律で決まっているので、これらの費用を全て創設者が揃える。これらの財産は「寄附」と看做されるため、学校法人の定款を「寄附行為」と呼ぶ。また、仮に財政状況が悪くなっても、法律によって企業が事業を潰すようには学校を潰すことができない。また、解散しても創設者のもとには施設・設備などは返ってこない。

　学校法人の運営には、代表である理事長、理事長を助ける役目である理事5人以上、理事長や理事の仕事をチェックする監事2名以上必要である。

　戦後まもない1949年（昭和24年）に私立学校法が制定され、同法の基本理念である自主性と公共性は現在に至るまで重視されている。

> 私立学校法第1条（この法律の目的）
> 　この法律は、私立学校の特性にかんがみ、その（⑬　　　　　　）を重んじ、（⑭　　　　　　）を高めることによつて、私立学校の健全な発達を図ることを目的とする。

(2)　私立学校と所轄庁

　学校教育法第4条・私立学校法第4条では、私立学校を監督する行政庁を所轄庁と定義し、私立学校の所轄は、私立の幼稚園・小学校・中学校・義務教育学校・高等学校・中等教育学校及び特別支援学校では（⑮　　　　　　　　　　　　）、大学・高等専門学校では（⑯　　　　　　　　　　　）と定めている。高校以下の所轄庁が都道府県知事であるので、公立学校のように教育委員会が所轄せず、知事部局のなかに私立学校担当部局があり、そこで設置認可や私学助成などを行っている。ただし、例外的に大阪府では2016年より教育庁（教育委員会事務局）で公立学校と同様に私立学校関係業務を行う部署を設置している。

(3)　私学助成制度

　私学助成は、私立の幼稚園・小学校・中学校・義務教育学校・高等学校・中等教育学校及び特別支援学校では（⑰　　　　　　　　　　）が公布。大学・高等専門学校では（⑱　　　　）が公布する。

　都道府県が行う助成は、国からの補助金と県独自の上乗せがあり、上乗せ分は財政事情や私学の規模などによって県ごとに異なる。国から都道府県への補助は1976年（昭和51年）の（⑲　　　　　　　　　　　　　　　　　）の施行によって始められた。

　かつては一般財源（他の用途でも使用可能）である地方交付税交付金で国から県に財源が配分されており、一般財源であるため県ごとの助成金の格差が大きいことが問題となっていた。一方、特定財源（私学財政のみに使用可能）である国庫補助金になってからは他県と大きく変わらない助成水準となっている。

　各私立学校への配分方法は県ごとに異なり、教員数や生徒数に応じて配分、前年度のベース分に配分など多様であり地方自治体の裁量や自律性が大きい。国が行う大学や高等専門学校への助成は、一般補助と特別補助に分けられる。一般補助は、助成の約85%を占めており、基本的に教員や学生の人数に応じて配分されている。残りの約15%は特別補助として、自らの特色を活かして改革に取り組む大学等を重層的に支援する。

引用・参考文献

小入羽秀敬　2019　高等教育・私立学校行政と学校－学校の設置主体としての「法人」のもつ意味
　　―　青木英一編著　教育制度を支える教育行政　45-59

文部科学省　学制百二十年史

https://www.mext.go.jp/b_menu/hakusho/html/others/detail/1318291.htm（2021 年 5
　　月 16 日確認）

文部科学省　新時代に対応した高等学校改革に関する参考資料

https://www.kantei.go.jp/jp/singi/kyouikusaisei/jikkoukaigi_wg/kaikaku_wg1/sank-
　　ou4.pdf（2021 年 5 月 16 日確認）

文部科学省　2020　学校基本調査　高等学校教育の現状について

https://www.mext.go.jp/a_menu/shotou/kaikaku/20201027-mxt_kouhou02-1.pdf
　　（2021 年 5 月 16 日確認）

文部科学省　ホームページ　見てみよう教育

https://www.mext.go.jp/kids/find/kyoiku/mext_0012.html（2021 年 5 月 16 日確認）

日本私立大学協会　資料「学校法人」って何？

https://www.shidaikyo.or.jp/apuji/activity/2013_campaign_00.html（2021 年 5 月 16 日
　　確認）

課題　図1〜図6のグラフから読み取れる内容を説明し、それについてあなたの考えを自由に論じなさい。

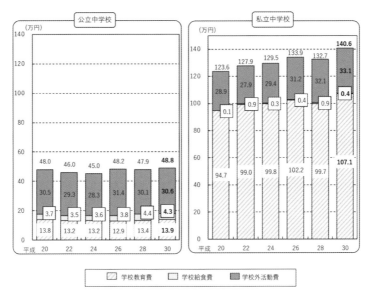

図1　公立・私立中学校における学習費総額の推移

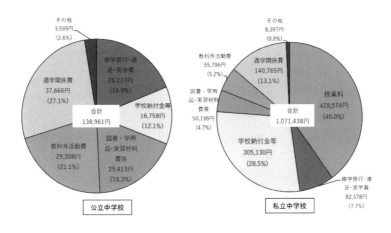

図2　公立・私立中学校における学校教育費の内訳

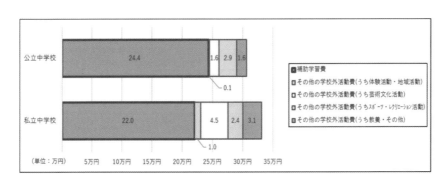

図3　公立・私立中学校における学校外活動費に占める
「補助学習費」「その他の学校外活動費」の割合

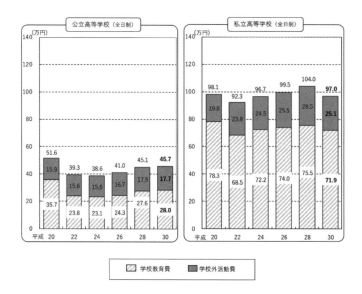

図4　公立・私立高等学校（全日制）における学習費総額の推移

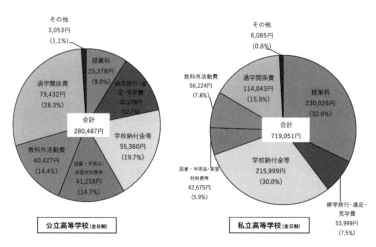

図5　公立・私立高等学校（全日制）における学校教育費の内訳

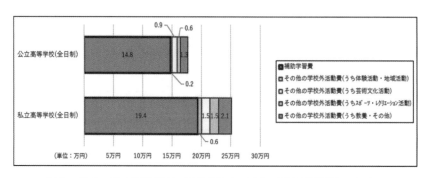

図6　公立・私立高等学校（全日制）における学校外活動費に占める
「補助学習費」「その他の学校外活動費」の割合

図1〜図6出典：文部科学省（2019）「平成30年度子供の学習費調査の結果について」
https://www.mext.go.jp/content/20191212-mxt_chousa01-000003123_01.pdf（2021年5月17日確認）

1. 教育財政とは何か

財政とは何か

国や地方公共団体などが行政活動や公共政策の遂行のために行う、資金の調達・管理・支出などの経済活動。

教育財政とは何か

国や地方公共団体が、公教育を行うために必要な財源を獲得し、これを公教育活動の各分野に配分し管理する一連の経済活動の総称。

> 教育基本法第 16 条
>
> 4 （① 　　　　）及び（② 　　　　　　　　　　　）は、（③ 　　　　　　）が円滑かつ継続的に実施されるよう、必要な（④ 　　　　　　　　）の措置を講じなければならない。

2. 国の教育費支出

(1) 予算を決めるのは誰か

日本国憲法第 83 条に、「国の財政を処理する権限は、（⑤ 　　　　　　）の議決に基づいて、これを行使しなければならない」と定められており、国の財政処理を国民の代表機関である（⑤ 　　　　　　）の統制下に置くという、（⑥ 　　　　　　　　　　　　）が取られている。

これを踏まえ、日本国憲法第 86 条で「（⑦ 　　　　　）は、毎会計年度の予算を作成し、国会に提出して、その審議を受け（⑧ 　　　　　）を経なければならない」と定められている。

そこで、内閣は次の過程を経て予算案を提出する。

・各府省庁が政策を実行するために必要な予算を見積もった概算要求書を財務省に提出する。

・各府省庁から提出された概算要求書をもとにして、財務省としての予算案「財務省原案」を作成する。

・財務省原案について、政府の中で最終調整が行われたあと、財務大臣が政府案としての予算案を閣議に提出する。

・閣議決定した政府原案を国会に提出し、国会は審議に入る。

(2) 国の一般会計総額

2021 年度（令和 3 年度）における国の予算案は、一般会計の総額が 106 兆 6097 億円となっており、そのうち、年金や社会保障にあてられる社会保障費に 33.6％、国の借金の返済経費である国債償還費に 22.3％、都道府県や市町村に交付される（⑨ 　　　　　　　　　　　　）等に 15.0％、公共事業費に 5.7％、防衛費に 5.0％となっている。

教育に関しては、国の予算の 5.1％にあたる 5 兆 3969 億円が教育費を含む文教及び科学振興費にあてられている。教育は公共性の高い政府活動であり、国の財政支出の対象とされているのである。

(3) 文教関係費及び科学振興費

図 7 にあるとおり文部科学省の文教関係費は、4 兆 296 億円で、全体の 74.7％にあたる。その文教関係費の主要経費は、金額の大きい順に次のようになる。

（⑩ 　　　　　　　　　　　　　　　　　　）

（⑪　　　　　　　　　　　）
（⑫　　　　　　　　　　　）
（⑬　　　　　　　　　　　）

⑷　義務教育国庫負担金

　　義務教育費国庫負担金は、「文教及び科学振興費」の 28.1％、1 兆 5,164 億円を占める最大費目であり、教育財政に関するもので、最も重要な制度である。都道府県が市町村立学校の教員給与を負担するが（⑭　　　　　　　　　　　　　　　　制度）、そのうちの 3 分の 1 を文部科学省所管の義務教育費国庫負担金により負担する。残りの 3 分の 2 は都道府県が負担しているが、そのお金は総務省所管の（⑮　　　　　　　　　　　　　　）によって賄われる。なお、高等学校については、教員の給与も学校施設の整備費も地方交付税によって賄われる。

　　日本国憲法第 26 条では義務教育の無償化が規定されているが、無償というだけではなく、その質を担保することも必要となる。そこで、優れた人材を確保し、義務教育水準の維持向上を図るためには、教員の給与は極めて重要な位置づけとされており、文教予算の中で義務教育費国庫負担金が最も大きな予算となっている。

⑸　県費負担教職員制度

　　義務教育費国庫負担制度の対象となる教職員は、県費負担教職員と呼ばれる。図 8 にあるとおり、市町村立学校の県費負担教職員の任命権は、市町村ではなく都道府県教育委員会になる。人事は、都道府県教育委員会が市町村教育委員会の内申を受けて行うこととされている。一方、校長は、所属職員の人事に関する意見を市町村教育委員会に具申することができる。また、市町村教育委員会は、教職員の服務監督や設置・管理も行う。

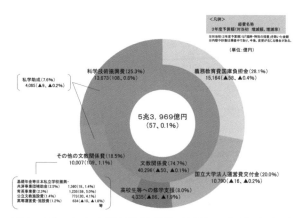

図7　令和3年度 主要経費「文教及び科学振興費」（一般会計）

出典：財務省（2021）文教・科学技術（参考資料）
https://www.mof.go.jp/about_mof/councils/fiscal_system_council/sub-of_fiscal_system/proceedings/material/zaiseia20210421/04.pdf（2021 年 7 月 18 日確認）

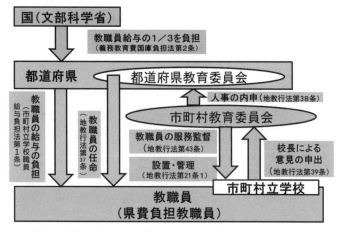

※　例外　政令指定都市は自ら教職員を任命。給与負担も指定都市に移譲

図8　県費負担教職員制度

出典：文部科学省　県費負担教職員をもとに筆者が作成
https://www.mext.go.jp/a_menu/shotou/kyuyo/__icsFiles/afieldfile/2017/09/14/1394392_01.pdf（2021 年 5 月 17 日確認）

(6) 高等学校等就学支援金
制度

家庭の教育費負担軽減
を図るための、国による授
業料支援の仕組み。全国の
約8割の生徒が利用して
いる。

図9にあるとおり、年収
目安910万円未満の世帯
で、高等学校等（高専、高
等専修学校等を含む）に在
学する、日本国内に住所を
有する方が対象。

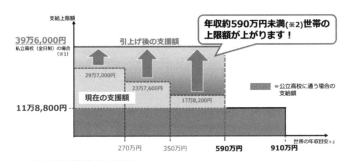

図9　高等学校等就学支援金

出典：文部科学省　私立高校授業料の実質無償化リーフレット
https://www.mext.go.jp/a_menu/shotou/mushouka/20210317-mxt_kouhou02_1.pdf（2021年5月17日確認）

支給額は以下のとおりである。

・公立学校に通う生徒　公立高校授業料相当額

（年額11万8,800円）。国公立高校は授業料負担が実質0円

・私立学校に通う生徒　所得に応じて支給額は変わる

私立高校の場合、年収より支給額が変わっていたが、2020年4月から、国の就学支援の制度が拡充され、年収590万円以下の世帯については一律39.6万円まで引き上げた。

(7) 公立学校施設のための財政制度

公立学校施設整備負担金（負担金の趣旨）：公立の小学校、中学校、義務教育学校、中等教育学校（前期課程）、特別支援学校（小中学部）において教室不足を解消するため、校舎・屋内運動場（体育館）等を新築又は増築する場合等に、その経費の一部（原則2分の1）を国が負担することによってこれらの学校の施設整備を促進し、教育の円滑な実施を確保する。

学校施設環境改善交付金（交付金の趣旨）：学校施設は、児童生徒等の学習・生活の場であり、地震等の災害発生時には地域住民の応急避難場所としての役割も果たすことから、その安全性を確保することは極めて重要である。そこで、地方公共団体が学校施設の整備をするに当たり、その実施に要する経費の一部（原則3分の1）を、国が交付金として地方公共団体へ交付するものである。

3. 地方の教育費支出

(1) 教育費の目的別内訳

地方公共団体は、教育の振興と文化の向上を図るため、学校教育、社会教育等の教育文化行政を行っている。これらの教育施策に要する経費である教育費の決算額は17兆5,235億円である。教育費の歳出総額に占める割合は17.6%（都道府県20.6%、市町村12.6%）となっており、歳出総額の中で民生費に次いで大きな割合を占めている。

図10にある教育費の目的別の内訳をみると、教育費の支出の中で、都道府県・市

町村とも最も大きな割合を占めているのは、（⑯　　　　　　）で、教育費総額の（⑰　　　）％にあたる。また、小学校・中学校・高等学校の合わせた教育費支出は教育費総額の56.5％を占める。このように初等中等教育の実施は地方自治体の重要な役割になっている。それ以外では、教職員の退職金や私立学校の振興等に要する経費であ

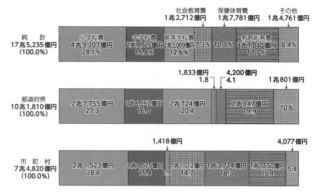

図10　教育費の目的別内訳

出典：総務省（2021）地方財政の状況
https://www.soumu.go.jp/main_content/000738627.pdf
（2021年7月18日確認）

る教育総務費は、教育総額の17.7％、体育施設の建設・運営や体育振興及び義務教育諸学校等の給食等に要する経費である保健体育費は教育総額の10.1％、公民館、図書館、博物館等の社会教育施設等に要する経費である社会教育費は教育費総額の7.3％の順である。

(2)　教育費の性質別内訳

　図11にある教育費の性質別の内訳をみると、教育費の支出の中で、都道府県・市町村とも最も大きな割合を占めているのは、（⑱　　　　　　）で、教育費総額の（⑲　　　　）％となっている。以下、物件費は教育費総額の14.7％、義務教育施設整備等の経費である普通建設事業費は、教育費総額の14.1％の順となっている。

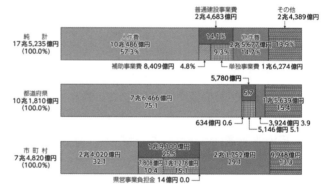

図11　教育費の性質別内訳

出典：総務省（2021）地方財政の状況
https://www.soumu.go.jp/main_content/000738627.pdf
（2021年7月18日確認）

　性質別の構成比を団体種類別にみると、都道府県においては（⑳　　　　　　　　　　　　　）学校教職員の人件費のほか、政令指定都市を除く（㉑　　　　　　　　　　　　　）義務教育諸学校教職員の人件費を負担していることから、人件費が大部分（75.1％）を占めている。また、市町村においても人件費が最も大きな割合（32.1％）を占めている。

㉒　どうして市町村の教職員の給与を都道府県が払っているのか。

引用・参考文献

橋野晶寛　2019　教育財政－無限の目標と有限の資源を結ぶしくみ―　青木英一編著　教育制度を支える教育行政　ミネルヴァ書房　173-188

文部科学省　国庫補助事業について

https://www.mext.go.jp/a_menu/shotou/zyosei/zitumu.htm#a001（2021 年 5 月 17 日確認）

文部科学省　県費負担教職員

https://www.mext.go.jp/a_menu/shotou/kyuyo/__icsFiles/afieldfile/2017/09/14/1394392_01.pdf（2021 年 5 月 17 日確認）

文部科学省　2019　平成 30 年度子供の学習費調査の結果について

https://www.mext.go.jp/content/20191212-mxt_chousa01-000003123_01.pdf（2021 年 5 月 17 日確認）

文部科学省　私立高校授業料の実質無償化リーフレット

https://www.mext.go.jp/a_menu/shotou/mushouka/20210317-mxt_kouhou02_1.pdf（2021 年 5 月 17 日確認）

総務省　2021　地方財政の状況

https://www.soumu.go.jp/main_content/000738627.pdf（2021 年 7 月 18 日確認）

末冨芳　2017　教育財政　河野和清編著　現代教育の制度と育行政　福村出版　200-216

財務省　令和 2 年度予算のポイント

https://www.mof.go.jp/budget/budger_workflow/budget/fy2020/seifuan2019/01.pdf（2021 年 5 月 17 日確認）

財務省　2021　文教・科学技術（参考資料）

https://www.mof.go.jp/about_mof/councils/fiscal_system_council/sub-of_fiscal_system/proceedings/material/zaiseia20210421/04.pdf（2021 年 7 月 18 日確認）

課題　学校は、児童生徒が集い、人と人との触れ合いにより、人格の形成がなされ、「生きる力」を育む場である。その学校において、児童生徒が生き生きと活動し、安全に学べるようにするためには、児童生徒等の安全の確保が保障されることが不可欠の前提となる。しかし、学校には様々な事件・事故が発生しているのも事実である。そこで、日常の学校では、具体的にどのような事件・事故が発生しているのかを調べ、それについてあなたの考えを自由に論じなさい。

1．学校安全のねらい

　学校安全は、（①　　　　　　　　　　）、（②　　　　　　　　　　　　　　）とともに学校健康教育の３領域の１つであり、それぞれが独自の機能を担いつつ、相互に関連を図りながら、児童生徒などの健康や安全の確保を図っている。

　学校安全のねらいは、児童生徒等が自他の（③　　　　　　　　　　　）を基盤として、自ら安全に行動し、他の人や社会の安全に貢献できる資質・能力を育成するとともに、児童生徒等の安全を確保するための環境を整えることである。

2．学校安全の３つの領域

　学校安全の領域は、「（④　　　　　　　　　　）」「⑤（　　　　　　　　　　）」「⑥（　　　　　　　　　　）」などがあるが、従来想定されなかった新たな危機事象の出現などにも柔軟に対応し、学校保健や生徒指導など様々な関連領域と連携して取り組むことが重要である。

　⑴　生活安全

　　　生活安全は、学校・家庭など日常生活で起こる（⑦　　　　　　　　　　）を取り扱う。誘拐や傷害などの犯罪被害防止も含まれる。

　⑵　交通安全

　　　交通安全は、様々な（⑧　　　　　　　　　　）における危険と安全、事故防止が含まれる。

　⑶　災害安全

　　　災害安全は、地震・津波災害、火山災害、風水（雪）害等の（⑨　　　　　　　　　　）に加え、火災や原子力災害も含まれる。

3．学校安全の３つの活動

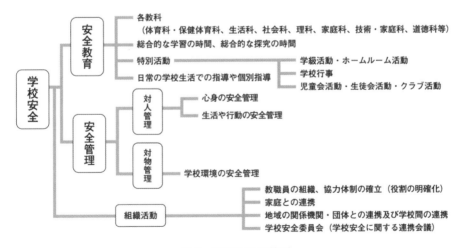

図１　学校安全の体系

出典：文部科学省（2019）「生きる力」をはぐくむ学校での安全教育
https://www.mext.go.jp/component/a_menu/education/detail/__icsFiles/afieldfile/2019/04/03/1289314_02.pdf
（2021 年 5 月 19 日確認）

　学校安全の活動は、図１にあるとおり（⑩　　　　　　　　　　）、（⑪　　　　　　　　　　）、

（⑫　　　　　　　　　　）から構成されている。学校における安全教育は、児童生徒等が自ら
の行動や外部環境に存在する様々な危険を制御して、自ら安全に行動したり、他の人や社
会の安全のために貢献したりできるようにすることを目指す活動である。安全教育は、主に
（⑬　　　　　　　　　　）を踏まえ、学校の教育活動全体を通じて実施する。学校における
安全管理は、児童生徒等を取り巻く環境を安全に整えることを目指す活動である。組織活動は、
学校安全の両輪となる安全教育と安全管理を相互に関連付けて円滑に進めるための活動である。
学校における安全管理・組織活動は、主に（⑭　　　　　　　　　　　　　）に基づいて実施
する。

4．学校安全に関わる法令

（1）　学習指導要領

　　学習指導要領では、安全に関する指導について各教科等の特質に応じて適切に行うよう努
めることとされている。児童生徒等が安全に関する資質・能力を（⑮　　　　　　　　　）
な視点で確実に育むことができるよう、自助・共助・公助の視点を適切に取り入れながら、
地域の特性や児童生徒等の実情に応じて、各教科等の安全に関する内容のつながりを整理し
て教育課程を編成することが重要である。

（2）　学校保健安全法

　　学校保健安全法には、学校安全確保のために学校や設置者が果たすべき役割が規定されて
いる。要点をまとめると次のようになる。

　　第 26 条：（⑯　　　　　　　　　　）の責務として、学校の施設や設備、管理運営体
制の整備などに努めること。

　　第 27 条：学校においては、施設及び設備の安全点検、児童生徒への「安全に関する指導」
「職員研修」、その他学校における「（⑰　　　　　　　　　）」を策定し、これを実施し
なければいけないこと。

　　第 28 条：学校の施設または設備について支障があると認められた場合には、（⑱　　　）
が改善のための必要な措置を講じること。

　　第 29 条：学校においては、危険等発生時に職員がとるべき措置の内容・手順を定めた
「（⑲　　　　　　　　　　）」を作成し、校長が職員への周知等必要な
措置を講ずること。

　　第 30 条：学校においては（⑳　　　　）の関係機関等との連携を図ること。

5．学校における事件・事故

（1）　大阪北部地震ブロック塀事故

　　2018 年（平成 30 年）6 月 18 日午前 7 時 58 分、大阪府北部で、震度 6 弱の地震が発生
した。高槻市立小学校のプール沿いに設置されていたブロック塀が、長さ約 40 メートルに
わたり崩れ、登校中だった 4 年生の女児が下敷きとなって亡くなった。問題を検証していた
第三者委員会は、事故の原因は、ブロック塀の老朽化に伴う鉄筋の腐食と施工不良とした上
で、管理が十分でなかったことを指摘し、すべての危険箇所を見直して、事故の再発防止を
促した。なお、業者による 3 年に 1 度の法定点検でも見過ごされ、2015 年には、外部の防

災アドバイザーが危険性を指摘したが、市は「安全性に問題はない」などとして対策を講じていなかった。

文部科学省は、学校のブロック塀の倒壊事故を受け、学校設置者に対して速やかな安全対策の完了をお願いした。その結果（2020年9月1日現在）が図2のとおりである。その中には未だ安全対策が図られていない学校がある。

(2) 大阪教育大学附属池田小学校事件

2001年（平成13年）6月8日午前10時すぎ、包丁2本を隠し持った不審者が開いていた小学校の門から侵入し、4つの教室と

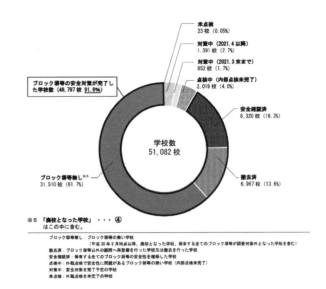

図2　学校施設におけるブロック塀等の安全対策等状況調査

出典：文部科学省（2020）令和2年度学校施設におけるブロック塀等の安全対策等状況調査の結果について
https://www.mext.go.jp/content/20201223-mxt_bousai-000011818_1.pdf（2021年5月19日確認）

中庭で児童や教諭を襲い、1・2年生8名の尊い命を奪い、13名の児童と2名の教員に重傷を負わせた事件である。心や体に大きな傷を負わされた児童・保護者・教員に対して、現在も継続した長期にわたるケアが必要とされている。

文部科学省によれば、全国約2万の小学校のうち、2016年（平成28年）3月末時点で登下校時以外は校門を施錠したり、防犯カメラや監視センサーを設置したりするなど、不審者の侵入防止対策を取る学校は97.7%。備えている器具はさすまた（96.8%）が最も多く、笛付きの名札（22.8%）、催涙スプレー（18.3%）、ネット（12.8%）と続く。警備員を配置する小学校は9.3%。設置者別では国立（100%）、私立（64.7%）、公立（8.3%）と大きく違う。

6. 学校の危機管理マニュアル

日本の学校の安全対策は、大阪教育大学附属池田小学校事件をきっかけに、翌年の2002年（平成14年）に文部科学省によって「学校への不審者侵入時の危機管理マニュアル」が作成され、2007年（平成19年）には登下校時の犯罪被害への対応が追記された。また、2008年（平成20年）に従来の学校保健法から学校における安全管理の条項が加わり、（㉑　　　　　　　　　　　　　　　　　　）が制定された。この法律では、各学校に対し学校安全計画の策定（安全点検に加え安全指導・職員研修についても明示）、危険等発生時対処要領（危機管理マニュアル）の作成・訓練を義務化した。

学校では、児童生徒等の安全を確保するため、「学校の危機管理マニュアル作成の手引」を積極的に活用し、学校・家庭・地域が連携して実態に即した学校独自の危機管理マニュアルを作成しなければならない。また、一度作成した後も、訓練、評価、改善を繰返し、不断の見直しをすることが必要である。

７．学校評価

　2007年（平成19年）6月に学校教育法を改正し、学校評価に関する根拠となる規定と学校の積極的な情報提供についての規定を新たに設けた。

　学校教育法

　第42条　小学校は、（㉒　　　　　　　　　　　）の定めるところにより当該小学校の教育
　　活動その他の学校運営の状況について（㉓　　　　）を行い、その結果に基づき学校運営の
　　改善を図るため必要な措置を講ずることにより、その教育水準の向上に努めなければならな
　　い。

　第43条　小学校は、当該小学校に関する保護者及び地域住民その他の関係者の理解を深める
　　とともに、これらの者との連携及び協力の推進に資するため、当該小学校の教育活動その他
　　の学校運営の状況に関する（㉔　　　　）を積極的に提供するものとする。

　　※これらの規定は、幼稚園（第28条）、中学校（第49条）、義務教育学校（第49条八）、高
　　　等学校（第62条）、中等教育学校（第70条）、特別支援学校（第82条）、専修学校（第
　　　133条）、各種学校（第134条）に、それぞれ準用する。

　上記の学校教育法を受けて、学校教育法施行規則を2007年（平成19年）10月に改正し、「自
己評価の実施と結果公表の義務化」「学校関係者評価の実施と結果公表の努力義務化」「自己評価
および学校関係者評価の評価結果の設置者への報告の義務化」を規定した。

　学校教育法施行規則

　第66条　小学校は、当該小学校の教育活動その他の学校運営の状況について、自ら評価を行
　　い、その結果を（㉕　　　　）するものとする。

　２　前項の評価を行うに当たつては、小学校は、その実情に応じ、適切な項目を設定して行う
　　ものとする。

　第67条　小学校は、前条第1項の規定による評価の結果を踏まえた当該小学校の児童の保護
　　者その他の当該小学校の（㉖　　　　　　　）（当該小学校の職員を除く。）による評価を行い、
　　その結果を公表するよう努めるものとする。

　第68条　小学校は、第66条第1項の規定による評価の結果及び前条の規定により評価を行
　　つた場合はその結果を、当該小学校の設置者に（㉗　　　　）するものとする。

　　※これらの規定は、幼稚園（第39条）、中学校（第79条）、義務教育学校（第79条の八）、
　　　高等学校（第104条）、中等教育学校（第113条）、特別支援学校（第135条）、専修学校（第
　　　189条）、各種学校（第190条）に、それぞれ準用する。

８．学校運営協議会

　2015年（平成27年）の中央教育審議会答申「新しい時代の教育と地方創生の実現に向けた学校と地域の連携・協働の在り方と今後の推進方策について」では、「全ての公立学校において、地域住民や保護者等が学校運営に参画する仕組みとして、学校運営協議会制度を導入した学校（コミュニティ・スクール）を目指すべきであること」「各教育委員会が、コミュニティ・スクールの推進を図っていくよう、現在任意設置となっている学校運営協議会の制度的位置付けの見直しも含めた方策を講じていくことが必要であること」などを挙げている。

　それを受け、2017年（平成29年）の「地方教育行政の組織及び運営に関する法律」改正により、

各教育委員会に、保護者や地域住民が学校運営に参画する仕組みである学校運営協議会の設置を努力義務化した。

　地方教育行政の組織及び運営に関する法律
　第 47 条の五　教育委員会は、教育委員会規則で定めるところにより、その所管に属する学校ごとに、当該学校の運営及び当該運営への必要な支援に関して協議する機関として、（㉘　　　　　　　　　　　　　　　　）を置くように努めなければならない。ただし、二以上の学校の運営に関し相互に密接な連携を図る必要がある場合として文部科学省令で定める場合には、二以上の学校について一の学校運営協議会を置くことができる。

引用・参考文献

神内聡　2020　学校弁護士スクールロイヤーから見た教育現場　角川新書

文部科学省　2013　学校防災のための参考資料「生きる力」を育む防災教育の展開

https://anzenkyouiku.mext.go.jp/mextshiryou/data/saigai03.pdf（2021 年 5 月 19 日確認）

文部科学省　2018　学校の危機管理マニュアル作成の手引

https://anzenkyouiku.mext.go.jp/mextshiryou/data/aratanakikijisyou_all.pdf（2021 年 5 月 19 日確認）

文部科学省　2019　「生きる力」をはぐくむ学校での安全教育

https://www.mext.go.jp/component/a_menu/education/detail/__icsFiles/afield-file/2019/04/03/1289314_02.pdf（2021 年 5 月 19 日確認）

文部科学省　2020　令和 2 年度学校施設におけるブロック塀等の安全対策等状況調査の結果について

https://www.mext.go.jp/content/20201223-mxt_bousai-000011818_1.pdf（2021 年 5 月 19 日確認）

課題　中央教育審議会答申 (2021)「『令和の日本型学校教育』の構築を目指して～全ての子供たちの可能性を引き出す、個別最適な学びと、協働的な学びの実現～」の「3．2020 年代を通じて実現すべき『令和の日本型学校教育』の姿」(pp.15-22)
(https://www.mext.go.jp/content/20210126-mxt_syoto02-000012321_2-4.pdf) を読み、「個別最適な学び」と「協働的な学び」について説明し、それについてあなたの考えを自由に論じなさい。

小学校における35人学級の実現／約40年ぶりの学級編制の標準の一律引下げ

（文部科学省ホームページ　今日の出来事　3月31日）

（①　　　　　　　　）時代の到来や子供たちの多様化の一層の進展、今般の新型コロナウイルス感染症の発生等も踏まえ、（②　　　　　　　　）構想によるICT等を活用した個別最適な学びと協働的な学びを実現するとともに、今後どのような状況においても子供たちの学びを実現することが不可欠です。

本法律は、小学校（義務教育学校の前期課程を含む）の学級編制の標準を5年間かけて計画的に40人（小学校第1学年は35人）から（③　　　　　　）人に引き下げるものです。

学級編制の標準を計画的に一律に引き下げるのは昭和55年以来、約40年ぶりのことであり、少人数学級の実現は、教育現場からの長きにわたり強い要望の一つでした。

萩生田大臣は昨日、3月30日の参議院文教科学委員会で、今後の更なる取組の展望として、「私はやはり将来を担う子どもたちへの投資というものは、これは誰もが認めていただける、そういう価値観をこの日本の国会は持っていることが極めて大事だと思っていまして、そういう意味では、とりあえず、35人の第一歩を踏み出しますけれど、やはりそれは少人数学級にしたほうが子供たちの学びはよくなるよね、学校が楽しくなるよね、子どもたちが明るくなったよね、多様な評価を皆さんでしていただいて、その成果を中学校、高校へとつなげていくことが必要だと思っていますので、しっかりその方向に向かって努力をしていきたいと思っております。」と力強く述べています。

誰一人取り残すことなく、全ての子供たちの可能性を引き出す「令和の日本型学校教育」の構築に向けて、GIGAスクール構想と少人数学級を車の両輪として引き続き全力で取り組んでまいります。

「公立義務教育諸学校の学級編制及び教職員定数の標準に関する法律の一部を改正する法律案」が2021年（令和3年）3月31日に参議院本会議において、全会一致で可決成立し、4月1日から施行した。

改正法では、誰一人取り残すことなく、全ての子供たちの可能性を引き出す教育へ転換し、図1・図2のとおりGIGAスクール構想と少人数学級を車の両輪として個別最適な学びと協働的な学びを実現することを目指している。

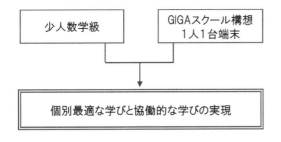

図1　少人数学級とICT活用を両輪とした新時代の学び

出典：文部科学省（2021）公立義務教育諸学校の学級編制及び教職員定数の標準に関する法律の一部を改正する法律案（概要）
https://www.mext.go.jp/content/20210202-mxt_000012577_1.pdf（2021年5月19日確認）

図2　個別最適な学びと協働的な学び

出典：文部科学省（2021）公立義務教育諸学校の学級編制及び教職員定数の標準に関する法律の一部を改正する法律案（概要）
https://www.mext.go.jp/content/20210202-mxt_000012577_1.pdf（2021年5月19日確認）

改正法の施行により、2021 年度（令和 3 年度）小学校 2 学年から学年進行により段階的に学級編成の標準を引き下げ、2025 年度（令和 7 年度）にはすべての学年で 35 人学級が実現することになる。また、政府の教育再生実行会議は、「35 人学級化」の公立中学校への導入も検討することを求める提言案をまとめた。

文部科学省によると小学校の「35 人学級化」の実現には、今後 5 年間で新たに 13,000 人余りの教員や事務職員が必要となることから、今後の課題は教員採用試験の倍率が低下する現状でいかに質の高い教員を確保していくことである。

2．性同一性障害や性的指向・性自認に係る児童生徒

（④　　　　　　　　　　　　　　）と心の性は、必ずしも一致するものではない。恋愛対象が異性とは限らない。周りと違う自分に違和感を持ちながらも、いじめや差別につながることへの不安から、誰にも相談ができず悩んでいる人がいる。また、セクシュアリティ（性のあり方）に関係する「からかい」や「差別的な言葉の暴力」により、自尊感情を傷つけられるだけでなく、不登校につながることもある。

学校では、学級に当該児童生徒が在籍していることを想定し、（⑤　　　　　　　　　　　　　　）や（⑥　　　　　　　　　　）・性自認について、すべての教職員が対する正しい理解を深めるとともに、当該児童生徒のありのままの姿を受容し、本人の自尊感情や自己肯定感を育むことが大切である。

(1)　基礎用語
　○性同一性障害
　　生物学的な性と性別に関する自己意識（性自認）が一致しないため、社会生活に支障がある状態とされている。「性自認」と「性的指向」は異なるものであり、対応に当たって混同しないことが必要である。性同一性障害は、医学的な診断名であり、より広い意味をもつトランスジェンダーに含まれる。
　○性を構成する 4 つの要素
　　性のあり方（セクシュアリティ）は、主に次の 4 つの要素の組合せによって形づくられているが、この組合せは多様である。はっきりと分けられるものとは限らないため、「性はグラデーション」といわれることもある。
　　・身体の性：性に関する身体のつくりや身体的・生物学的特徴などをいう。
　　・性自認（心の性）：自分の性をどう捉えているかを指す。
　　・性的指向（恋愛対象）：恋愛感情がどの性別に向くか向かないかを表す。
　　・性表現：言葉づかい、服装、しぐさ等から見る社会的な性別をどう表現しているかを表す。必ずしも性自認と一致するとは限らない。
　○ SOGI（ソジ）
　　「性的指向」（Sexual Orientation）と「性自認」（Gender Identity）の頭文字をとった言葉で、全ての人の性のあり方（セクシュアリティ）を人権として考えていく際に使われる。「性表現」（Gender Expression）から E を取って SOGIE（ソジイー）とする場合もある。
　○性的マイノリティ
　　「出生時に判定された性別と性自認が一致し、かつ性的指向は異性」というパターンに当

てはまらない人々は、性的マイノリティあるいは LGBT などと呼ばれている。
○ LGBT

　　レズビアン（Lesbian　女性同性愛者）、ゲイ（Gay　男性同性愛者）、バイセクシュアル（Bisexual　両性愛者）、トランスジェンダー（Transgender　出生時に割り当てられた性と異なる性で生きる人、あるいは生きたいと望む人）の頭文字からなる言葉である。「性的マイノリティ」と同義の言葉として「LGBT」が用いられる場合もある。

(3) 取組の経緯

2003年（平成15年）：性同一性障害者の性別の取扱いの特例に関する法律の成立
　　　　　　　　　　　（2003年7月施行）
　　　　　　　　　　　一定の要件の下、性別の取扱いの変更の審判を行えること、性別の取扱いの変更の審判を受けた者に関する法令上の取扱いなどを規定している。

2010年（平成22年）：文部科学省事務連絡「児童生徒が抱える問題に対しての教育相談の徹底について」発出
　　　　　　　　　　　各学校に対して、「学級担任や管理職を始めとして、養護教諭、スクールカウンセラーなど教職員等が協力して、保護者の意向にも配慮しつつ、児童生徒の実情を把握した上で相談に応じるとともに、必要に応じて関係医療機関とも連携するなど、児童生徒の心情に十分配慮した対応」をお願いしている。

2014年（平成26年）：学校における性同一性障害に係る対応に関する状況調査の実施
　　　　　　　　　　　学校における性同一性障害に係る対応に関する現状把握を行い、学校における性同一性障害に係る対応を充実させるための情報を得ることを目的に実施された。
　　　　　　　　　　　「性同一性障害に 関する教育相談等」があったとして、606件の報告。※児童生徒が望まない場合は回答を求めないこととしつつ、学校が把握している事例を任意で回答した件数。高校生は403件（66.5%）、中学生は110件（18.2%）であった。

2015年（平成27年）：文部科学省は「性同一性障害に係る児童生徒に対するきめ細かな対応の実施等について」発出
　　　　　　　　　　　性同一性障害に係る児童生徒についての特有の支援など具体的事項をとりまとめた。

2016年（平成28年）：文部科学省は、教職員向け周知資料「性同一性障害や性的指向・性自認に係る、児童生徒に対するきめ細かな対応等の実施について」作成

2017年（平成29年）：いじめ防止対策推進法（2013年）に基づく「いじめの防止等のための基本的な方針」（2013年）の改訂
　　　　　　　　　　　「性同一性障害や性的指向・性自認について、教職員への正しい理解の促進や、学校として必要な対応について周知する」ことが記載された。

(4) 「性同一性障害に係る児童生徒に対するきめ細かな対応の実施等について」
　　○性同一性障害に係る児童生徒についての特有の支援
　　　・学校における支援体制について→「サポートチーム」の設置による対応
　　　・医療機関との連携について
　　　・学校生活の各場面での支援について
　　　・卒業証明書等について→戸籍上の性別変更を行った者への対応
　　　・当事者である児童生徒の保護者との関係について→保護者と十分話し合い、可能な支援を行う
　　　・教育委員会等による支援について→人権教育や生徒指導担当教員等及び管理職への研修
　　○性同一性障害に係る児童生徒や「性的マイノリティ」とされる児童生徒に対する相談体制等の充実
　　　・いじめや差別を許さない適切な生徒指導・人権教育等の推進
　　　・悩みや不安を抱える児童生徒の良き理解者となる教職員の育成
　　　・児童生徒が相談しやすい環境の整備
　　○学校生活の各場面での支援の事例
　　　・服装：自認する性別の制服・衣服や、体操着の着用を認める。
　　　・髪型：標準より長い髪型を一定の範囲で認める（戸籍上男性）。
　　　・更衣室：保健室・多目的トイレ等の利用を認める。
　　　・トイレ：職員トイレ・多目的トイレの利用を認める。
　　　・呼称の工夫：校内文書（通知表を含む。）を児童生徒が希望する呼称で記す。
　　　　　　　　　　　　自認する性別として名簿上扱う。
　　　・授業：体育及び保健体育において別メニューを設定する。
　　　・水泳：上半身が隠れる水着の着用を認める（戸籍上男性）。
　　　　　　　補習として別日に実施、又はレポート提出で代替する。
　　　・運動部の活動：自認する性別に係る活動への参加を認める。
　　　・修学旅行等：1人部屋の使用を認める。入浴時間をずらす。

引用・参考文献

兵庫県教育委員会　校内研修資料「『性的マイノリティ』に対する正しい理解のために」について
https://www.hyogo-c.ed.jp/~board-bo/iinkai/i-kaigi/shiryo/2723/160317s3.pdf （2021年5月20日確認）
文部科学省　2016　性同一性障害や性的指向・性自認に係る、児童生徒に対するきめ細かな対応等の実施について（教職員向け）
https://www.mext.go.jp/content/20210215_mxt_sigakugy_1420538_00003_18.pdf （2021年5月20日確認）
文部科学省　2018　性同一性障害や性的指向・性自認に係る、児童生徒に対するきめ細かな対応等の実施について
https://www.mext.go.jp/b_menu/shingi/chousa/shotou/128/shiryo/__icsFiles/afield-

file/2018/05/28/1403937_03.pdf（2021 年 5 月 20 日確認）

文部科学省　2021　小学校における 35 人学級の実現／約 40 年ぶりの学級編制の標準の一律引
　下げ

https://www.mext.go.jp/b_menu/activity/detail/2021/20210331.html（2021 年 5 月 20
　日確認）

東京都　職員のための性自認及び性的指向に関するハンドブック

https://www.soumu.metro.tokyo.lg.jp/10jinken/base/upload/pdf/R1handbook.pdf
　（2021 年 5 月 20 日確認）

第15講　教職への進路選択

課題　図1のグラフから読み取れる内容を説明し、それについてあなたの考えを自由に論じなさい。

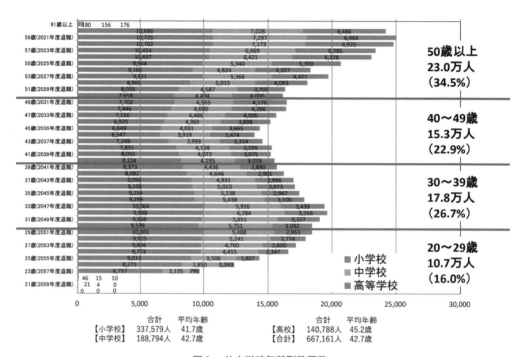

図1　公立学校年齢別教員数

（注1）令和2年5月1日現在で在職する正規教員の数（校長, 副校長, 教頭, 主幹教諭, 指導教諭, 教諭, 助教諭, 講師（非常勤講師を除く。））（注2）年齢は、令和2年度末時点
出典：文部科学省（2021）「令和の日本型学校教育」を担う教師の養成・採用・研修等の在り方について関係資料
https://www.mext.go.jp/content/20210312-mxt_kyoikujinzai01-000013426-3.pdf（2021年5月21日確認）

1. 教員養成・採用・研修

「令和の日本型学校教育」の実現に向け、それを担う質の高い教師を確保するため、図2にあるとおり教師の養成・採用・研修の一体的改革が進められている。

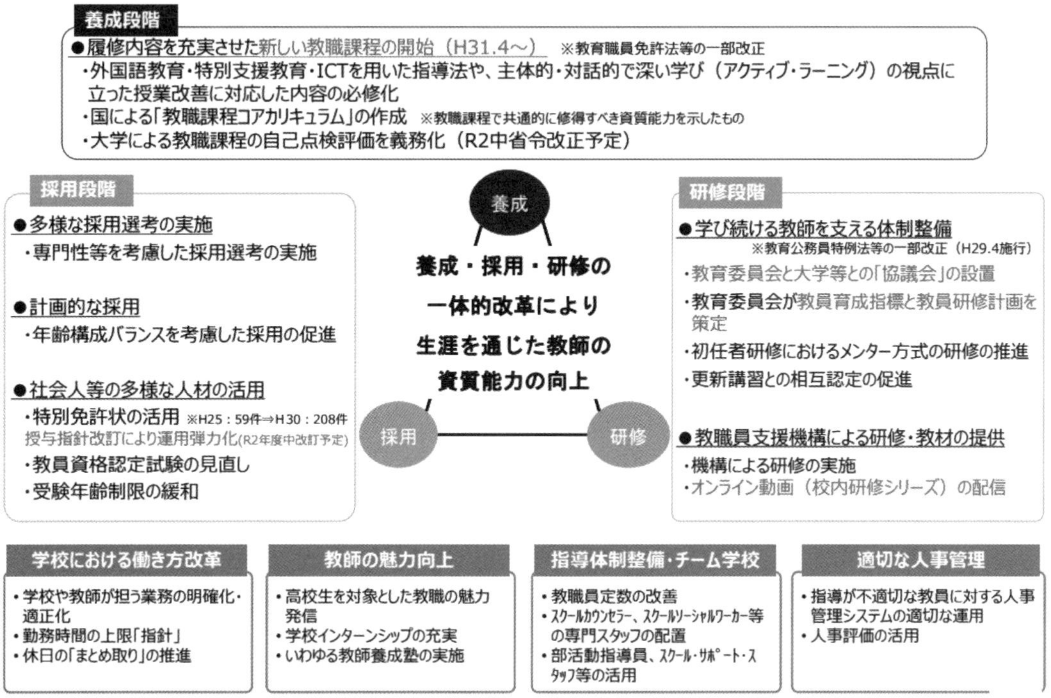

養成段階
- ●履修内容を充実させた新しい教職課程の開始（H31.4〜）※教育職員免許法等の一部改正
- ・外国語教育・特別支援教育・ICTを用いた指導法や、主体的・対話的で深い学び（アクティブ・ラーニング）の視点に立った授業改善に対応した内容の必修化
- ・国による「教職課程コアカリキュラム」の作成 ※教職課程で共通的に修得すべき資質能力を示したもの
- ・大学による教職課程の自己点検評価を義務化（R2中省令改正予定）

採用段階
- ●多様な採用選考の実施
- ・専門性等を考慮した採用選考の実施
- ●計画的な採用
- ・年齢構成バランスを考慮した採用の促進
- ●社会人等の多様な人材の活用
- ・特別免許状の活用 ※H25：59件⇒H30：208件
  授与指針改訂により運用弾力化（R2年度中改訂予定）
- ・教員資格認定試験の見直し
- ・受験年齢制限の緩和

養成
養成・採用・研修の一体的改革により生涯を通じた教師の資質能力の向上
採用 ━━━ 研修

研修段階
- ●学び続ける教師を支える体制整備 ※教育公務員特例法等の一部改正（H29.4施行）
- ・教育委員会と大学等との「協議会」の設置
- ・教育委員会が教員育成指標と教員研修計画を策定
- ・初任者研修におけるメンター方式の研修の推進
- ・更新講習との相互認定の促進
- ●教職員支援機構による研修・教材の提供
- ・機構による研修の実施
- ・オンライン動画（校内研修シリーズ）の配信

学校における働き方改革
- ・学校や教師が担う業務の明確化・適正化
- ・勤務時間の上限「指針」
- ・休日の「まとめ取り」の推進

教師の魅力向上
- ・高校生を対象とした教職の魅力発信
- ・学校インターンシップの充実
- ・いわゆる教師養成塾の実施

指導体制整備・チーム学校
- ・教職員定数の改善
- ・スクールカウンセラー、スクールソーシャルワーカー等の専門スタッフの配置
- ・部活動指導員、スクール・サポート・スタッフ等の活用

適切な人事管理
- ・指導が不適切な教員に対する人事管理システムの適切な運用
- ・人事評価の活用

図2　教師の養成・採用・研修の一体的改革

出典：文部科学省（2021）「令和の日本型学校教育」を担う教師の養成・採用・研修等の在り方について関係資料
https://www.mext.go.jp/content/20210312-mxt_kyoikujinzai01-000013426-3.pdf（2021 年 5 月 21 日確認）

2.「令和の日本型学校教育」を担う教師の人材確保・質向上プラン

(1) 35 人学級を担う教師の確保

・（①　　　　　　　　）の免許状を取りやすくする。

・教職の魅力を上げ、教師を目指す人を増やす。

・教師として働き続けてもらえる環境をつくる。

(2) （②　　　　　　　　）等多様な人材の活用

・学校現場に参画する多様なルートを確保する。

(3) 教職課程の高度化と研修の充実

・新しい時代を見据え、教員養成の在り方を大学の自由な発想で検討・構築し、他の大学を先導する。

・一人一台端末が導入される教育環境の変化を踏まえ、教師の（③　　　　　　）活用指導力を一層向上させる。

・教職課程を置く大学自身が定期的に自らの課程を見直し、時代やニーズに合った課程を構築する。

・現職教員が学校現場を取り巻く変化に対応して学び続ける環境を充実する。

(4) 教員免許更新制の在り方の見直し

必要な教師数の確保とその資質能力の確保が両立できるあり方を総合的に検討

3. 中央教育審議会答申（2021）「令和の日本型学校教育」の構築を目指して

～全ての子供たちの可能性を引き出す、個別最適な学びと、協働的な学びの実現～

(1) 2020年代を通じて実現すべき「令和の日本型学校教育」の姿

教職員の姿

・教師が技術の発達や新たなニーズなど学校教育を取り巻く環境の変化を前向きに受け止め、教職生涯を通じて探究心を持ちつつ自律的かつ継続的に新しい（④　　　　　　　　　）を学び続け、子供一人一人の学びを最大限に引き出す教師としての役割を果たしている。その際、子供の主体的な学びを支援する伴走者としての能力も備えている。

・教員養成、採用、免許制度も含めた方策を通じ、多様な人材の教育界内外からの確保や教師の資質・能力の向上により、質の高い教職員集団が実現されるとともに、教師と、総務・財務等に通じる専門職である事務職員、それぞれの分野や組織運営等に専門性を有する多様な外部人材や専門スタッフ等とが（⑤　　　　　　　）となり、個々の教職員がチームの一員として組織的・協働的に取り組む力を発揮しつつ、校長のリーダーシップの下、家庭や地域社会と連携しながら、共通の学校教育目標に向かって学校が運営されている。

・さらに、学校における（⑥　　　　　　　）改革の実現や教職の魅力発信、新時代の学びを支える環境整備により、教師が創造的で魅力ある仕事であることが再認識され、教師を目指そうとする者が増加し、教師自身も志気を高め、誇りを持って働くことができている。

(2) Society5.0時代における教師及び教職員組織の在り方

教師の人材確保

・近年、採用倍率の低下や（⑦　　　　　　　）の深刻化など、必要な教師の確保に苦慮する例が生じており、教育の仕事に意欲を持つより多くの志望者の確保等が求められている。

・教師は、ICT等を駆使し、子供たちの（⑧　　　　　　　　　　　　　）と、協働的な学びをつくり出すことのできる創造的で魅力ある仕事である。こうした教職の魅力についても、適切に認識される必要がある。

・教師が教師でなければできない業務に全力投球でき、子供たちに対して効果的な教育活動を行うことができる環境を作っていくために、国・（⑨　　　　　　　　　　）・学校がそれぞれの立場において、学校における働き方改革について、あらゆる手立てを尽くして取組を進めていくことが重要である。

・教職を志した学生を、民間企業等に流出させることなく、着実に確保していくためには、例えば，早い段階から教職の魅力を発信する取組を促進することや全国で実施されている学校における働き方改革の取組や教職の魅力向上策を国として収集・発信すること等が必要である。また、民間企業等に就職した（⑩　　　　　　　）等を対象として、教職に

就くための効果的な情報発信等を行うことも考えられる。

・教師の採用に当たっては、受験（⑪　　　　　　　　　　　　）の緩和や特別免許状を活用した特別選考を進めること等により、多様な知識・経験を有する外部人材を活用することも必要である。その際、採用倍率が非常に高く教員免許状を持つものの教職への道を諦めざるを得なかった就職氷河期世代等が円滑に学校教育に参画できる環境を整備することも考えられる。また、学習指導要領の改訂等を踏まえ、小学校中学年での外国語活動及び高学年での（⑫　　　　　　　　　　　）の導入や、情報教育の推進等の近年の学校を取り巻く課題に対応した採用を進める必要がある。

・公立学校における教師の年齢構成は不均衡が生じており，近年、（⑬　　　　　　　　　　）に伴い採用者数を増加させた教育委員会において採用倍率の低下が生じている傾向にある。そのため、例えば、高い採用倍率を維持している教育委員会の要因を地域特性等も踏まえつつ分析・共有すること等により、中長期的視野から退職者数や児童生徒数の推移等を的確に踏まえた計画的な採用・人事を進めることが考えられる。

4．公立学校教員採用試験の概要

公立学校教員採用選考試験は、任命権者である都道府県・指定都市教育委員会等において実施されている。

(1) 公立学校教員採用選考試験の内容例

一次選考

【筆記試験】

・一般教養や教職教養に関する試験

人文・社会・自然科学に関する一般的な教養について

教育関係法規、教育原理、教育心理など教員として必要な教養及び知識について

・教科専門に関する試験

指導内容や指導方法など教科の専門的知識及び能力について

【面接試験】　個人面接、集団面接、集団討論など

二次選考

【筆記試験】　小論文

【面接試験】　個人面接、集団面接、集団討論、模擬授業など

【実技試験】　体育、音楽、美術、英会話など

【その他】　適性検査

(2) 特定の資格や経歴等をもつ者を対象に特別の選考が実施されている。

※「特別の選考」には、一部試験免除、加点、特別免許状を活用した選考、その他の特別の選考を含む。

各県市における特別の選考の実施状況（／ 68 県市）

教職経験：64 県市　　英語の資格等：62 県市　　民間企業等勤務経験：50 県市など

(3) 近年、受験年齢制限の緩和が進んでいる。

各県市における受験年齢制限の状況（／ 68 県市）

制限なし：41 県市　　51-58 歳：1 県市　　41-50 歳：23 県市　　36-40 歳：3 県市

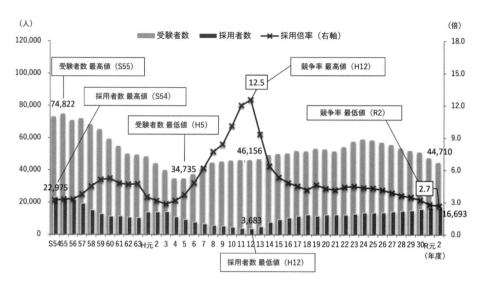

図３　小学校 受験者数・採用者数・競争率（採用倍率）の推移

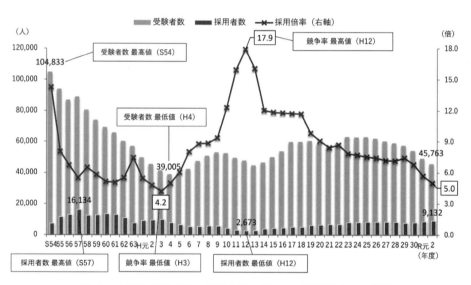

図４　中学校 受験者数・採用者数・競争率（採用倍率）の推移

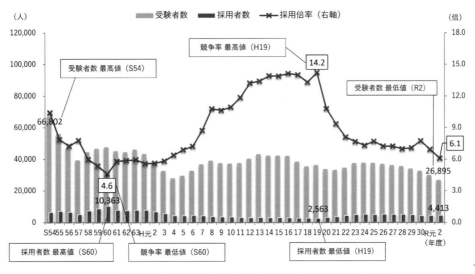

（人）　　　　　　　　　■受験者数　■採用者数　✕採用倍率（右軸）　　　　（倍）

図5　高等学校 受験者数・採用者数・競争率（採用倍率）の推移

出典：文部科学省（2021）令和2年度（令和元年度実施）公立学校教員採用選考試験の実施状況のポイント
https://www.mext.go.jp/content/20210201-mxt_kyoikujinzai01-000012429-1.pdf（2021年5月21日確認）

⑭　図3～図5から一つ選び、グラフから読み取れる内容を説明しなさい。

図（　　　）受験者数・採用者数・競争率（採用倍率）の推移

6. 小・中学校の退職者数・採用者数の推移と見通し

図6にある退職者数の減少に伴い、図7にある採用者数も減少する。

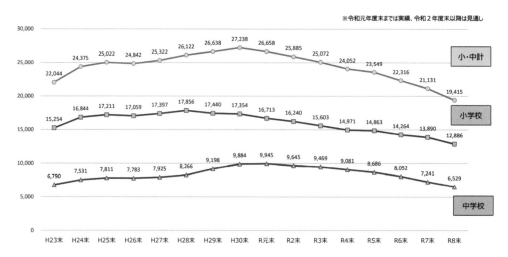

図6　公立小・中学校の退職者数の推移と見通し

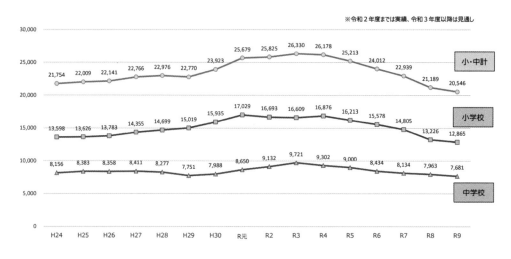

図7　公立小・中学校の採用者数の推移と見通し

図5・図6
（注1）令和元年度末までは、都道府県等の実績の積み上げ（初等中等教育局財務課調べ）
（注2）令和2年度末以降は、令和2年7月末時点の都道府県等の推計の積み上げ（初等中等教育局財務課調べ）
（注3）養護教諭等を除

出典：文部科学省（2021）令和2年度（令和元年度実施）公立学校教員採用選考試験の実施状況のポイント
https://www.mext.go.jp/content/20210201-mxt_kyoikujinzai01-000012429-1.pdf（2021年5月21日確認）

引用・参考文献

文部科学省　2021　中央教育審議会答申「令和の日本型学校教育」の構築を目指して～全ての子供
たちの可能性を引き出す、個別最適な学びと、協働的な学びの実現～」
https://www.mext.go.jp/content/20210126-mxt_syoto02-000012321_2-4.pdf (2021年
5月21日確認)

文部科学省　2021　「令和の日本型学校教育」を担う教師の人材確保・質向上プラン

https://www.mext.go.jp/content/20210201-mxt_kyoikujinzai01-000012476-1.pdf

　（2021 年 5 月 21 日確認）

文部科学省　2021　令和 2 年度（令和元年度実施）公立学校教員採用選考試験の実施状況のポイント

https://www.mext.go.jp/content/20210201-mxt_kyoikujinzai01-000012429-1.pdf

　（2021 年 5 月 21 日確認）

文部科学省　2021　「令和の日本型学校教育」を担う教師の養成・採用・研修等の在り方について
　関係資料

https://www.mext.go.jp/content/20210312-mxt_kyoikujinzai01-000013426-3.pdf

　（2021 年 5 月 21 日確認）

解答

〈第１講〉

①昌平坂学問所　②藩校　③郷学　④寺子屋　⑤私塾　⑥文部省　⑦学制　⑧教育令　⑨自由教育令　⑩改正教育令　⑪干渉教育令　⑫小学校教則綱領　⑬教科書　⑭内閣制度　⑮森有礼　⑯帝国大学令　⑰大日本帝国憲法　⑱教育勅語　⑲勅令主義　⑳小学校令　㉑授業料　㉒義務制　㉓国定教科書制度　㉔尋常小学校　㉕臨時教育会議　㉖市町村義務教育費国庫負担法　㉗国民学校令　㉘中等学校令

〈第２講〉

①勅令主義　②法律主義　③憲法　④法律　⑤政令　⑥省令　⑦府令　⑧告示　⑨訓令　⑩条例　⑪規則　⑫教育委員会規則　⑬条約　⑭すべての国民・子ども　⑮国や地方公共団体・保護者　⑯授業料（国公立のみ）・教科書　⑰民主的　⑱文化的　⑲平和　⑳福祉　㉑公共の精神　㉒人間性と創造性　㉓伝統　㉔日本国憲法　㉕未来　㉖人格　㉗平和　㉘社会　㉙学問　㉚教養　㉛自律　㉜職業　㉝勤労　㉞責任　㉟公共　㊱生命　㊲自然　㊳伝統　㊴文化　㊵郷土　㊶能力　㊷機会　㊸差別　㊹障害　㊺支援　㊻奨学　㊼義務　㊽普通教育　㊾資質　㊿国及び地方公共団体　(51)授業料　(52)設置　(53)目標　(54)規律　(55)意欲　(56)研究　(57)修養　(58)職責　(59)養成　(60)研修　(61)不当な支配　(62)教育行政　(63)公正　(64)機会均等　(65)教育水準　(66)教育の振興　(67)財政上　(68)地域　(69)法律　(70)政令　(71)省令　(72)告示

〈第３講〉

①教育を受ける権利　②教育水準　③学習指導要領　④教科書　⑤義務教育費国庫負担金　⑥文部省　⑦教育基本法　⑧学校教育法　⑨科学技術庁　⑩文部科学省　⑪学校週５日制　⑫教育基本法　⑬教育振興基本計画　⑭スポーツ庁

〈第４講〉

①地方公共団体　②大綱　③総合教育会議　④教育委員会　⑤招集　⑥議事録　⑦四　⑧五　⑨二　⑩教育長　⑪議会　⑫三　⑬四

〈第５講〉

①目標　②内容　③授業時数　④教育計画　⑤学校　⑥教育基本法　⑦学校教育法　⑧学校教育法施行規則　⑨学習指導要領　⑩専門教育　⑪生活上　⑫自立　⑬目標　⑭文部科学大臣　⑮外国語　⑯特別の教科　⑰特別活動　⑱自立活動　⑲標準　⑳文部科学大臣　㉑文部科学省　㉒学習指導要領　㉓発行者　㉔都道府県教育委員会　㉕教科用図書選定審議会　㉖採択権者　㉗校長

〈第６講〉

①経験主義　②試案　③手引き　④経験主義　⑤道徳の時間　⑥基礎学力　⑦科学技術教育　⑧系統主義　⑨教育内容の現代化　⑩ゆとりある充実した　⑪ゆとりと充実　⑫生活科　⑬新しい学力観　⑭生きる力　⑮総合的な学習の時間　⑯ゆとり　⑰知識基盤社会

〈第７講〉

①文部科学大臣　②中央教育審議会　③超スマート社会　④人工知能　⑤狩猟社会　⑥農耕社会　⑦工業社会　⑧情報社会　⑨超スマート社会　⑩学校教育　⑪学校　⑫学び　⑬資質・能力　⑭連携・協働　⑮何ができるようになるか　⑯何を学ぶか　⑰どのように学ぶか　⑱カリキュラム・マネジメント　⑲社会に開かれた教育課程

〈第8講〉
①非正規雇用教員　②臨時的任用教員　③非常勤講師　④再任用　⑤正規雇用　⑥非正規雇用
⑦義務標準法　⑧総額裁量制　⑨加配　⑩35　⑪教科担任制　⑫GIGA　⑬労働安全衛生法
⑭地域学校協働本部　⑮コミュニティ・スクール

〈第9講〉
①いじめ防止対策推進法　②いじめ防止基本方針　③文部科学大臣　④学校　⑤一定の人間関係　⑥心理的、物理的　⑦精神的な苦痛
⑧解答例
「自分より弱い者に対して一方的に」という力関係の基準となる文言、「継続的」、「深刻な」という時間や程度を表す文言を削除した。これは、いじめの問題が多様化し、暴力や暴言等によるものだけがいじめであると判断するのではなく、仲間はずれのように排除したり無視したりすることやインターネット・携帯電話を使ったものもいじめであることを表している。また、「継続的」、「深刻な」場合でなければいじめではないとする「表面的・形式的」な判断ではなく、「いじめられた児童生徒の立場に立って行うこと」をより明確に求めている。それは、前回の「攻撃を継続的に加え」を「攻撃を受けたことにより」と表現を改めたことで、より被害者側の立場から捉えていることからもわかる。これにより、児童生徒が、一定の人間関係のある者から1回でも、深刻でないものでも、精神的な苦痛を感じていれば、いじめにはいるということになる。なお、2006年度（平成18年度）調査から、これまでのいじめの発生件数であったのが、いじめの認知件数に変更した。これは、いじめが発生していなくても疑わしいものであれば件数としてあげるものである。
⑨心身の苦痛を感じているもの
⑩解答例
「心理的、物理的な攻撃を受けたことにより」としてきたところを、「心理的又は物理的な影響を与える行為（インターネットを通じて行われるものも含む。）であって」とした。ここで「攻撃」という文言を削除したことについては、国会衆議院文部科学委員会で、攻撃とした際に、無視やからかいという広い範囲のものが読み込めるかという難しさが生じることから、「影響を与える行為」とした旨の説明が行われた。また、インターネットの掲示板に書き込みをされるなど、本人がいじめの存在を全く知らない場合は、本人にとっては「心身の苦痛を感じているもの」にはあたらないが、「いじめの防止等のための基本的な方針」において、「例えばインターネット上で悪口を書かれた児童生徒がいたが、当該児童生徒がそのことを知らずにいるような場合など、行為の対象となる児童生徒本人が心身の苦痛を感じるに至っていないケースについても、加害行為を行った児童生徒に対する指導等については法の趣旨を踏まえた適切な対応が必要である」としている。なお、いじめの定義が調査から法律の定義へと変わった。
⑪設置者　⑫学校　⑬重大事態　⑭30　⑮魅力ある　⑯社会的自立　⑰スクールカウンセラー
⑱スクールソーシャルワーカー　⑲文部科学大臣　⑳地方公共団体　㉑夜間

〈第10講〉
①通級による指導　②発達障害者支援法　③障害者の権利に関する条約　④インクルーシブ教育システム　⑤合理的配慮　⑥特別支援教育　⑦特別支援教育　⑧通級　⑨生きる力　⑩環境整備
⑪障害者差別解消法　⑫個別の教育支援計画　⑬個別の指導計画　⑭高等学校　⑮6　⑯8

〈第11講〉
①学校教育法　②文部科学大臣　③全日制　④定時制　⑤通信制　⑥普通科　⑦専門学科　⑧総合学科　⑨42.5　⑩90.8　⑪95.8　⑫第三の教育改革　⑬自主性　⑭公共性　⑮都道府県知事　⑯文部科学大臣　⑰都道府県　⑱国　⑲私立学校振興助成法

〈第12講〉
①国　②地方公共団体　③教育　④財政上　⑤国会　⑥財政立憲主義　⑦内閣　⑧議決　⑨地方交付税交付金　⑩義務教育費国庫負担金　⑪国立大学法人運営費交付金　⑫高校生等への修学支援　⑬私学助成　⑭県費負担教職員　⑮地方交付税　⑯小学校費　⑰28.1　⑱人件費　⑲57.3　⑳都道府県立　㉑市町村立
㉒解答例

　・人件費は多額の費用を要する。

　・多くの自治体が学校教育の経費を自力で賄うだけの財政力を欠いている。

　・各自治体により、財政力に差がある。

　・給与水準の確保と一定水準の教職員の確保を図り、教育水準の維持向上を図る。

　・身分は市町村であるが、広く市町村をこえて都道府県で人事を行うことにより、教職員の適
　　正配置と人事交流を図る。

〈第13講〉
①学校保健　②学校給食　③生命尊重　④生活安全　⑤交通安全　⑥災害安全　⑦事件・事故　⑧交通場面　⑨自然災害　⑩安全教育　⑪安全管理　⑫組織活動　⑬学習指導要領　⑭学校保健安全法　⑮教科横断的　⑯学校の設置者　⑰学校安全計画　⑱校長　⑲危険等発生時対処要領　⑳地域　㉑学校保健安全法　㉒文部科学大臣　㉓評価　㉔情報　㉕公表　㉖関係者　㉗報告　㉘学校運営協議会

〈第14講〉
① Society5.0　②GIGAスクール　③35　④身体の性　⑤性同一性障害　⑥性的指向

〈第15講〉
①小学校　②社会人　③ICT　④知識・技能　⑤チーム　⑥働き方　⑦教師不足　⑧個別最適な学び　⑨教育委員会　⑩社会人　⑪年齢制限　⑫外国語科　⑬大量退職
⑭解答例　※下線部は図からは正確に読み取れない。

図3　小学校

・競争率（採用倍率）は、2.7倍で、前年度の2.8倍から減少（過去最低）した。

・競争率（採用倍率）が過去最高の12.5倍であった平成12年度に3,683人であった採用者数が、令和2年度においては16,693人と5倍近くに増えた結果として、競争率（採用倍率）が2.7倍まで低下し、最低値となっている。

・2000年（平成12年）に採用者数が最低値となり、競争率（採用倍率）が最高値となっていることから、学校現場では中堅教員（ミドルリーダー）が不足していることがわかる。

・1993年（平成5年）受験者数が最低値となっている。バブル景気の最後のころで、企業が新卒者を大量採用したことがわかる。

・昭和の終わりに採用された人は定年を迎え、大量に退職していることがわかる。

図4　中学校

・競争率（採用倍率）は、5.0倍で、前年度の5.7倍から減少した。

・採用者数は、9,132人で、前年度に比較して482人増加した。

・受験者数は、45,763人で、前年度に比較して3,427人減少した。

・2000年（平成12年）に採用者数が最低値となり、競争率（採用倍率）が最高値となっていることから、学校現場では中堅教員（ミドルリーダー）が不足していることがわかる。

・1991年（平成3年）に競争率（採用倍率）が最低値になり、1992年（平成4年）に受験者数が最低値となっている。バブル景気の最後のころで、企業が新卒者を大量採用したことがわかる。

・昭和の終わりに採用された人は定年を迎え、大量に退職していることがわかる。

図5　高等学校

・競争率（採用倍率）は、6.1倍で、前年度の6.9倍から減少した。

・採用者数は、4,413人で、前年度に比較して68人増加した。

・受験者数は、26,895人で、前年度に比較して3,226人減少した。

・2007年（平成19年）に採用者数が最低値となり、競争率（採用倍率）が最高値となっていることから、学校現場では中堅教員（ミドルリーダー）が不足していることがわかる。

・昭和の終わりに採用された人は定年を迎え、大量に退職していることがわかる。

成瀬雅巳 (なるせ まさみ) プロフィール

○最終学歴

兵庫教育大学大学院 (学校教育研究科　学校教育学専攻　学校心理学コース) 修了

○職歴

大阪体育大学体育学部スポーツ教育学科　講師 (2020年4月〜)

兵庫県宝塚市立末成小学校　校長 (2018年4月〜2年間)

兵庫県宝塚市立光ガ丘中学校　教頭 (2016年4月〜2年間)

兵庫教育大学附属中学校　主幹教諭 (2012年4月〜4年間)

○免許・資格

中学校教諭専修免許状　国語・社会

高等学校教諭専修免許状　国語・地理歴史・公民

養護学校教諭二種免許状

学校心理士

上級教育カウンセラー

ガイダンスカウンセラー

○所属学会

日本教育心理学会

日本教育カウンセラー協会

日本学校心理士会

日本スクールカウンセリング推進協議会

日本国語教育学会

日本教育行政学会

日本教師教育学会

○主な著書・業績等

・『未来を創る教師に贈る　育て、育つための教師論』(学術研究出版　2021年)

・『総合的な学習の時間・総合的な探究の時間と特別活動の方法』(東洋館出版社　2020年)

　　第3章　探究的な学習に主体的・創造的・協働的に取り組む総合的な学習の時間

　　第5章　地域とともに考える『安心・安全、みんなに優しいまちづくり』

・『三角ロジックを使って論理的に話し合おう』国語教育 (明治図書　2016年12月号)

・『論理的にスピーチしよう』実践国語研究 (明治図書　2016年1月号)

・『中学3年：授業をイメージした新教科書研究のツボ』国語教育 (明治図書　2015年5月号)

・『討論になる題材の条件とは？』国語教育 (明治図書　2015年)

・『中学3年＝つけたい力と言語活動を結ぶ単元構成』国語教育 (明治図書　2015年1月号)

・『討論で効果があがる話型指導とは』社会科教育 (明治図書　2014年12月号)

・『論理的思考力・表現力を育成するための効果的な指導方法』月刊国語教育研究 (日本国語教育学会　2014年11月号)

・『思考力・判断力・表現力を育成するために言語活動を取り入れた効果的な指導方法の研究』(共著　兵庫教育大学　『理論と実践の融合』に関する共同研究　2014年)

・『水平的相互作用が中学生の作文の質や情意面に及ぼす影響』（日本教育心理学会　第50回総会発表論
　文集　教授・学習、ポスター発表 2008年）

教職を志す学生のためのテキスト　教育行政

2021年 7 月31日　初版発行

著　者　成瀬雅巳

発行所　学術研究出版
　　　　〒670-0933　兵庫県姫路市平野町62
　　　　［販売］Tel.079（280）2727　Fax.079（244）1482
　　　　［制作］Tel.079（222）5372
　　　　https://arpub.jp

印刷所　小野高速印刷株式会社
　　　　©Masami Naruse 2021, Printed in Japan
　　　　ISBN978-4-910415-72-7